L. Boussingault.



France

93-94

LA

# GARDE ROYALE

PENDANT LES ÉVÈNEMENS

## DU 26 JUILLET AU 5 AOUT 1830.

*Librairie de G. A. Dentu.*

RELATION FIDÈLE

# DU VOYAGE DU ROI CHARLES X,

depuis son départ de Saint-Cloud

JUSQU'A SON EMBARQUEMENT,

PAR UN GARDE-DU-CORPS.

## *ERRATA.*

Page 40, lig. 9 *de la note*, a pu être évacué, *lisez* avait pu être évacué.
52, 4 et 5, même le 31, au plus tard, *lisez* ou plus tard.
92, 7, lieutenant-colonel des cuirassiers, *lisez* des lanciers.

LA

# GARDE ROYALE

## PENDANT LES ÉVÈNEMENS

## DU 26 JUILLET AU 5 AOUT 1830.

PAR UN OFFICIER
employé à l'état-major.

Theodore Anne ?

FAIS CE QUE DOIS, ADVIENNE QUE POURRA.

PARIS.

IMPRIMERIE-LIBRAIRIE DE G. A. DENTU,

RUE DU COLOMBIER, N° 21;

et Palais-Royal, galerie d'Orléans, n° 13.

MDCCCXXX.

# LA

# GARDE ROYALE

## PENDANT LES ÉVÈNEMENS

## DU 26 JUILLET AU 5 AOUT 1830.

Lorsqu'une révolution vient de s'accomplir, on ne s'étonne pas que la tourbe des adulateurs qui encensait le pouvoir déchu, s'attache au char du vainqueur, et dénigre aujourd'hui ceux qu'elle exaltait hier; de même alors une foule d'écrivains toujours prêts à saisir l'idée du jour et à l'exploiter à leur profit, s'empressent de satisfaire l'engoûment d'une nation aussi impressionnable que la nôtre; les gens raisonnables des différens partis apprécient à leur juste valeur ces opinions et ces écrits éphémères.

Mais si une autorité importante, si des hommes d'un caractère d'ailleurs honorable se laissent entraîner à l'éxagération de l'esprit de parti, il est alors du devoir de ceux qu'ont cherche à accabler, d'en appeler devant le jury de l'opinion publique.

L'ex-garde royale est surtout en butte aux attaques les plus violentes; non content de la condamner en tous points sous le rapport de sa conduite politique, on ne veut pas même lui accorder cette bravoure qui jusqu'ici a été le partage de tous les Français. Les ménagemens et la modération de la grande majorité des individus qui la composaient, leur répugnance à soutenir des combats funestes à la patrie, sont attribués à la pusillanimité. On la dépeint, dans tous les rapports, comme forcée à une fuite honteuse. Si, abandonnée dans des positions qu'elle avait l'ordre de garder, elle les défend contre un ennemi quelque fois centuple, *c'est pour se donner le plaisir barbare de tirer contre les citoyens qu'elle s'y maintient.*

Enfin, lorsque protégeant la retraite de princes déchus qu'elle avait servis dans la prospérité, elle se refuse cependant à toute idée de guerre civile, et se retire en dernier lieu devant une poursuite imprudente à laquelle elle pouvait opposer l'égalité du nombre, la supériorité de la tactique et des armes, on la représente commme *fuyant glacée de terreur*.

Et ce n'est point dans un pamphlet obscur qu'on lit une pareille chose ; c'est dans un rapport présenté au roi par la commision municipale de Paris; et en bas de ce rapport se trouve la signature d'un lieutenant-général dont la réputation militaire semble donner plus de force encore à des expressions qui n'avaient été appliquées jusqu'ici qu'à nos ennemis étrangers.

Nous aurions voulu attendre que les passions fussent refroidies pour entreprendre la défense de nos camarades; mais il ne nous est pas permis de garder le silence après de semblables injures : nous aurions désiré qu'un officier d'une position plus élevée que la nôtre, et qu'une plume plus exercée se chargeât d'expliquer notre conduite à nos compatriotes; mais le motif qui nous guide servira d'excuse à notre infériorité. Nous renfermerons notre défense dans le simple exposé des faits, ne parlant que de ce qui s'est passé sous nos yeux, ou de ce dont nous avons acquis une parfaite certitude.

Nous croyons nécessaire de rappeler aux lecteurs

étrangers à l'état militaire, que jusqu'aujourd'hui l'armée française, comme les armées des peuples les plus libres, a été soumise à des lois d'exceptions, et qu'on n'aura pas à l'avenir d'armée sans qu'elle rentre plus ou moins dans cette condition.

Au 25 juillet, tous les devoirs de l'armée étaient définis dans la subordination graduelle, textuellement exprimée dans les ordonnances encore en vigueur, et dans le serment militaire ainsi conçu : *Je jure d'être fidèle au Roi, d'obéir aux chefs qui seront donnés en son nom, et de ne jamais abandonner mes drapeaux.*

L'accomplissement de ce devoir a dirigé ceux qui n'ont quitté leur drapeaux que lorsque la main qui les avait confiés les a repris. Quelque prévention qu'on s'efforce d'établir, certains que toujours le mot d'honneur retrouvera en France sa véritable acception, ils ne conclurent pas comme ce Romain : *La vertu n'est qu'un nom.*

A l'époque du 25 juillet, la garnison de Paris se composait, savoir (1) :

---

(1) Sont défalqués des corps toutes les non-valeurs, hommes aux hô-

| GARDE ROYALE. | bataillons. | hommes. | escadrons. | hommes. |
|---|---|---|---|---|
| *Infanterie*, 3 rég., 1er, 3e et 7e suisse. | 8 | 3800 | » | » |
| *Cavalerie*, 2 rég., lanciers et cuirasrs. | » | » | 8 | 800 |
| *Artillerie*, 2 batteries (12 pièces). | » | 150 | » | » |
| LIGNE. | | | | |
| 5e, 50e, 53e et 15e léger . . . . . . | 11 | 4400 | » | » |
| Fusiliers sédentaires, 11 compagnies. | » | 1100 | » | » |
| Gendarmerie d'élite et municipale . | » | 700 | » | 600 |
| | 19 | 10,150 | 8 | 1400 |

Effectif de la garnison. . . . . . . . 11,550 hommes.

| | | |
|---|---|---|
| Mais pour avoir le nombre exact des militaires qui ont pu prendre part aux journées de juillet, il faut déduire, savoir : | | |
| La ligne, qui, par l'attitude qu'elle prit dès le 27, se sépara de la garde. . . . . . . | 4,400 | |
| Les fusiliers sédentaires, qui livrèrent leurs armes aux premières sommations. . . . | 1,100 | 7,350 hommes. |
| Le service ordinaire fourni par la garde à Paris, Saint-Cloud, etc. . . . . . . . . . . . | 1,300 | |
| Postes fournis par la gendarmerie, qui eurent le même sort que ceux de la garde, et gendarmes désarmés dans leurs casernes, de 5 à 600. . . . . . . . . . . . . . . . . . . . | 550 | |
| Restèrent disponibles le 28 au matin. . . . . . . infanterie, cavalerie et 12 pièces d'artillerie. | | 4,200 hommes, |

pitaux, ouvriers d'ateliers, etc., qui ne pourraient ici figurer que pour mémoire, et les pompiers de Paris, ayant un service spécial.

Les gendarmes d'élite étaient répartis dans les différentes résidences royales.

Le séjour de la cour à Saint-Cloud y amenait les gardes-du-corps, les gardes ordinaires à pied, qui étaient sensés de service à Paris. Dès le 27, ils furent tous à Saint-Cloud.

Les autres régimens de la garde étaient, savoir :

| INFANTERIE. | | CAVALERIE. | |
|---|---|---|---|
| Caen . . . . . . . . . . | 3 bataillons. | Compiègne . . . | 1 escad. de dépôt. |
| Rouen. . . . . . . . . | 3 *id.* | Meaux . . . . . | 6 escadrons. . . . |
| Versailles. . . . . . . | 3 *id.* | Melun . . . . . | 1 escad. de dépôt. |
| Saint-Denis. . . . . . | 2 *id.* | Fontainebleau. . | 6 escadrons. |
| Vincennes, avec le régiment d'artillerie. | 1 *id.* | Corbeil . . . . . | 6 *id.* |
| | | Versailles. . . . | 12 *id.* |
| Orléans. . . . . . . . | 3 *id.* | Sèvres. . . . . . | 2 *id.* |

La maison militaire du Roi à Saint-Cloud, Versailles, Saint-Germain et Paris, 1000 cavaliers et 300 hommes d'infanterie.

*Nota.* La caserne de Courbevoie ne contenait que le dépôt du régiment qui était à Caen.

Ainsi, en rassemblant tous leurs moyens, la garde et la maison militaire du Roi pouvaient présenter un effectif de 19 à 20,000 hommes.

| | | |
|---|---|---|
| Ci . . . . . . . . . . . . . . . . . . | 19,500 | 25,900, et 36 pièces attelées, qu'on pouvait avoir à Paris en moins de sept ou huit jours. |
| La ligne . . . . . . . . . . . . . . . | 4,400 | |
| Fusiliers et sous-officiers sédentaires. | 700 | |
| Gendarmerie. . . . . . . . . . . . . | 1,300 | |

En s'y prenant quinze jours d'avance, on pouvait y ajouter les troupes des camps de Lunéville et de Saint-Omer, et ce qu'on aurait pu distraire des garnisons des départemens du Nord et de l'Est : on aurait eu 36 à 40,000 hommes, et 50 pièces d'artillerie.

Mais pour un rassemblement aussi considérable de troupes dans les conditions où on allait les placer, il fallait quelques prévisions en subsistances et ustensiles indispensables de campement; car le défaut d'ordre et l'oubli des premiers rudimens de l'administration, autant que les mauvaises dispositions militaires, ont rendu nuls les efforts du peu de troupes qu'on a eues sous la main au moment de la crise.

Enfin, quoi qu'il en soit, *le Moniteur* du 26 publia les fameuses ordonnances; leur effet immédiat fut une baisse de 3 francs sur les fonds publics. Tous les Français, de quelque parti qu'ils fussent, en frémirent, et plus encore ceux qui étaient à portée de bien savoir que puisqu'on recourait à la force, cette force n'avait été rassemblée nulle part; qu'il résulterait les plus grands désastres de la lutte de la faible garnison de Paris contre une population aussi nombreuse, aussi facile à émouvoir, et préparée peut-être à résister; et puis 30,000 individus dans Paris, vivant de l'imprimerie, de la librairie, des journaux et d'autres professions mécaniques, qui furent licenciés par leurs chefs d'ateliers, se virent tout à coup réduits à l'inactivité, et par conséquent à la perspective d'une misère absolue qui devait les porter au désespoir.

Ce jour-là, les rassemblemens commencèrent à se former sur divers points de Paris. Des vitres furent brisées à l'hôtel du ministre des finances, et sur le boulevard chez M. de Polignac. Mais aucune mesure de police, aucune précaution de la part de l'autorité militaire; c'est au point que des officiers qui avaient sollicité des congés temporaires les obtinrent.

Le 27, les journaux qui avaient essayé de paraître ayant été saisis, l'exaspération du peuple de Paris augmentait d'heure en heure. Le journal *le Temps*, qui donnait la déclaration de tous les gérans des journaux, échappa aux perquisitions de la police. *Le pacte social est à présent déchiré*, disait cette déclaration, *on doit résister par tous les moyens possibles*.

L'homme le plus insensible, et qui a vu Paris ce jour-là, a dû juger que le peuple allait prendre cette déclaration au pied de la lettre. Un autre journal qui s'était abstenu de paraître, fit tenir à ses abonnés un avertissement qu'il terminait ainsi : « Entre le droit et la violence la lutte ne peut être longue; bientôt, sans doute, on verra flotter encore notre *pavillon national.* » (Paris, le 26 juillet, etc.) A quatre heures cependant, les troupes n'avaient pas d'ordres encore; quelques régimens avaient été consignés par les colonels, à cause des désordres qui avaient eu lieu la veille dans la rue de Rivoli et sur les boulevards. Les postes de police, les gardes pour les monumens publics, les postes d'honneur, les plantons, etc., tout avait défilé comme à l'ordinaire. A quatre heures et demie arrive tout à coup, dans les casernes, l'ordre à toutes les troupes de prendre les armes, et de se rendre au Carrousel, à la place Louis XV et sur les boulevards. Beaucoup d'officiers manquèrent à ce rassemblement, dont ils ne furent pas prévenus.

Les régimens de la ligne fournirent un bataillon plus ou moins fort; les régimens de la garde deux bataillons de six pelotons de seize files sur deux rangs. Les régimens de cavalerie, deux escadrons chacun. La force des escadrons était de cent hommes. L'artillerie conduisait quatre pièces.

Les troupes prirent les positions suivantes : M. de Polignac fit garder son hôtel par un bataillon de la garde et deux pièces de canon. Dès le matin, un détachement de voltigeurs du 5e de ligne formait la garde intérieure de cet hôtel.

Les lanciers patrouillaient sur les boulevards adjacens. Trois bataillons de la garde étaient sur la place du Carrousel et du Palais-Royal. Deux bataillons avec deux pièces sur la place Louis XV.

La ligne, sur la place Vendôme, les boulevards Saint-Martin, Saint-Denis, place de l'Eléphant. Le 15e léger ce jour-là ne fournit qu'un piquet sur la place du Panthéon.

Vers six ou sept heures, la foule était tellement considérable dans les rues Richelieu et Saint-Honoré, qu'on ne pouvait plus y circuler. La gendarmerie de Paris, qui était sur pied aussi, essaya vainement de rétablir la circulation. On craignait surtout que la foule ne pillât les boutiques d'armuriers qui sont aux environs du Palais-Royal. Des détachemens de la garde furent requis pour appuyer les efforts de la gendarmerie. Ils parvinrent, non sans peine, ne voulant pas d'abord faire usage de leurs armes, à déblayer un peu ces rues; mais bientôt ils furent assaillis à coups de pierres et de tuiles. Un de ces détachemens, commandé par un sous-lieutenant[1], et composé de dix-huit hommes de la garde, voulant déboucher par la rue du Duc de Bordeaux, dite aujourd'hui du 29 *Juillet*, se trouva tellement pressé près de l'hôtel Meurice, tandis qu'une grêle de pierres tombait sur lui, qu'il fut quelque temps sans pouvoir avancer ni reculer. Le chef de ce détachement espérait toujours pouvoir éviter de faire feu, lorsqu'un coup de fusil parti de l'hôtel Royal, rue des Pyramides et rue Saint-Honoré, n° 193, le décida à laisser tirer ses soldats. M. Fox, de la famille du ministre de ce nom, habitait cet hôtel; au moment où le détachement passait, il s'arma de son fusil de chasse, et fit feu par la fenêtre. Les soldats alors firent une décharge sur la maison, et M. Fox fut tué dans sa chambre, ainsi que deux domestiques qui y travaillaient.

Ainsi, la première victime de ces sanglantes journées serait un de ces insulaires qui, à l'aurore de notre première révolution comme aujourd'hui, parurent applaudir aux élans de la nation française.

Un autre détachement plus nombreux, précédé par des gendarmes et quelques ordonnances de lanciers, et conduit par un général, s'avança de la rue de l'Echelle dans la rue Saint-Honoré; celle-ci était aussi encombrée par la foule qui s'y était accumulée; les uns avaient été refoulés de la foule du Palais-Royal, les autres voulaient s'y porter : c'est là qu'on rencontra la première barricade, faite avec une voiture *omnibus*. Le général fit faire une sommation, à laquelle il ne fut répondu que par des pierres et des tuiles. Ce général mit pied à terre, fit écouler ses hommes à cheval par le passage Delorme, et ordonna à l'infanterie de repousser la force par la force. L'officier d'infanterie s'avança avec sa troupe par section; une seconde, et même une troisième sommation furent faites, et accueillies comme la première. Le général passa lui-même la barricade, et le premier feu de peloton eut lieu : il fut dirigé en l'air. La foule commença à rétrograder. Le détachement, après avoir rechargé, s'avançait lentement l'arme au bras; mais au-delà de l'église Saint-Roch, près la rue de la Sourdière, on recommença à lui jeter des pierres avec plus de force que jamais. Un second feu eut lieu comme le premier, mais il ne fit qu'enhardir les assaillans. Une troisième décharge, dirigée en partie cette fois sur les groupes qui s'avançaient, blessa grièvement un homme du peuple. Ses camarades le relevèrent et l'emportèrent : il paraît que c'est celui qui fut promené mourant ou mort pendant la nuit, dans différens quartiers de la capitale, pour les exciter à se lever. Après cette troisième décharge la foule s'écoula assez rapidement; une partie prit par la rue du Marché-des-Jacobins.

Le détachement arriva jusqu'à la rue Castiglione, ayant rallié celui qui avait passé par la rue du 29 juillet, et rentra par la rue de Rivoli. Une garde fut placée près de l'*omnibus*. Dans la rue de Richelieu, une compagnie avait rétabli la circulation, et bientôt les rues furent assez libres. Des patrouilles assez nombreuses parcouraient toutes les directions, et se relevaient de demi-heure en demi-heure.

Sur les boulevards il ne se passa rien de bien remarquable. Le faubourg Saint-Germain fut paisible. Le corps-de-garde de la place de la Bourse fut incendié, mais ce poste fut réoccupé pendant la soirée. Les assaillans paraissaient du reste ce jour-là n'appartenir qu'à la dernière classe du peuple.

Les divers rapports des officiers qui avaient commandé les patrouilles, furent unanimes sur ce point; plusieurs aussi signalaient des maisons d'où on leur avait jeté des pierres, du verre, etc. Mais toutes ces maisons étaient du domaine de la police; le numéro 28 de la rue de Rohan était cité six ou sept fois. Ainsi, ce n'est pas sans quelque justice que les recluses de

Saint-Lazarre furent rendues le 29 à leurs compagnes.

La nuit étant survenue, une partie des reverbères ne fut ou ne put être allumée; beaucoup furent brisés. Presque toutes les rues restèrent dans une obscurité complète, ce qui contribua plus que toute autre chose sinon à calmer, du moins à remettre la lutte au lendemain. La soirée n'en était que le prélude.

La presque totalité des forces de la garnison avait été déployée; il était évident que le lendemain elle aurait devant elle de soixante à quatre-vingt mille individus, dont une partie serait armée. Il existait dans Paris quarante mille anciens équipemens de gardes nationaux; les tentatives qui avaient eu lieu pour enlever les armes chez les armuriers n'avaient pas toutes échoué; à la pointe du jour elles pourraient être renouvelées, et enfin les postes de garde, qu'il était aisé d'enlever, en fourniraient encore; l'arsenal en renfermait, ainsi que des munitions. La poudrière des Deux-Moulins n'était pas gardée. Cette nuit devait porter conseil et être mise à profit; il y avait plusieurs partis à prendre pour prévenir des évènemens qui se présentaient avec toute la gravité possible; on n'en choisit aucun. Tout ce que nous citons ici fut représenté, mais rien ne fut écouté ; l'aveuglement, l'inep-tie ou la fatalité l'emportèrent.

A onze heures les troupes reçurent l'ordre de rentrer dans leur quartier. Les rues qu'elles traversèrent pour s'y rendre étaient désertes et silencieuses. La capitale avait une physionomie en quelque sorte immobile.

*La voix de la grande ville* ne se faisait plus entendre ; c'est, dit-on, précisément cette tranquillité apparente qui contribua à la sécurité de M. de Polignac, sécurité que le maréchal peut-être finit par partager.

Le 28, les rassemblemens commencèrent avec le jour ; bientôt ils furent plus nombreux que la veille.

Des individus, vêtus en gardes nationaux, parurent dans les rues, et se réunirent par quartier. On se porta chez les armuriers, qui livrèrent leurs armes ; les boutiques, qui avaient commencé à s'ouvrir, furent refermées ; et les marchands fournisseurs de la cour s'empressèrent de faire disparaître les armoiries du Roi et des princes, qui surmontaient leurs enseignes, dans la crainte que ce ne fût contre eux des prétextes d'insulte et de pillage. La même précaution fut prise par les notaires et huissiers, qui firent enlever leurs panonceaux. Ce qui fut fait d'abord par les particuliers eux-mêmes, mus par un sentiment de crainte, devint bientôt comme le signal de destruction de tous les emblêmes du gouvernement royal. Enfin, le drapeau tricolore parut, aux acclamations de *vive la Charte!* Le désarmement des corps-de-garde, la prise de l'Arsenal, des poudrières, de la manutention, le désarmement des compagnies de sous-officiers et fusiliers sédentaires, etc., tout eut lieu comme on l'avait prédit la veille. Le peuple, qui se réunissait sur la place de l'Hôtel-de-Ville, s'en empara; tout cela s'opéra sans opposition, et était fini à huit heures, les troupes étant encore dans leurs casernes. A neuf heures, cinq bataillons français de la garde, formés à six pelotons de seize files, et sur deux rangs, comme la veille (ce qui donnait, sous-officiers et tambours compris, environ deux cent vingt hommes par bataillon), se formèrent en bataille sur la place du Carrousel. Deux bataillons suisses (environ 800 hommes) sur la place Louis XV; trois escadrons de lanciers sur la place du Carrousel, et enfin l'artillerie conduisant huit pièces de canon de 8, les seules qu'on ait employées dans ces journées. Par un sentiment facile à apprécier, on ne voulut pas faire servir les quatre obusiers qui complétaient l'armement des deux batteries de service; ils furent laissés à l'Ecole-Militaire. Les pièces étaient approvisionnées à quarante-cinq coups, dont quatre à mitraille et le reste à boulet. Les soldats de la garde en service à Paris, avaient toujours *onze cartouches* dans leur giberne. Cet ordre existait depuis la formation de la garde; ils s'en servaient lorsqu'ils étaient de service au château, pour charger leurs armes tous les soirs après l'ordre. Dans quelques bataillons on compléta ce nombre à trente; mais la plupart ne les reçurent de l'artillerie que sur la place du Carrousel, entre autres les bataillons qui allaient au marché des Innocens.

Les 5e, 50e et 53e de ligne devaient occuper la place Vendôme et les boulevards jusqu'à la place de la Bastille, et se lier avec les cuirassiers de la garde, qui étaient casernés aux Célestins. Le 15e léger devait garder la place du Panthéon, le Palais-de-Justice et l'Hôtel-de-Ville; ce dernier mouvement devait avoir lieu de très-bonne heure. Enfin, on avait ordonné au régiment de la garde qui occupait Saint-

Denis et Vincennes d'envoyer à Paris ce qu'il aurait de disponible, sans dégarnir cependant Vincennes. Ce régiment fournit environ 500 hommes, qui arrivèrent aux Champs-Elysées à onze heures. Trois escadrons de grenadiers à cheval y étaient aussi venus de Versailles.

Le maréchal Marmont avait été investi du commandement de Paris, mis en état de siége. Le quartier-général était à la place du Carrousel; l'état-major, ordinairement complet aux levers de cour, aux revues, aux parades, ne put fournir, par fatalité, que six à sept officiers. Les uns n'avaient pu trouver de chevaux, d'autres ne pouvaient se procurer leur uniforme; mais ils offraient de servir en bourgeois. Quelques officiers étrangers à cet état-major, et même au corps, s'y rendirent.

Le duc de Raguse fut cependant secondé par quatre maréchaux-de-camp, par neuf ou dix officiers, et par ses quatre aides-de-camp. Sur les chefs d'état-major des divisions de la garde, un seul se trouva à son poste. Il eût été de la plus grande urgence qu'un des intendans militaires de la division ou de la garde, au moins, eût pu prescrire quelques mesures pour faire arriver des vivres aux Tuileries pour les troupes, qui, selon toute apparence, allaient rester sous les armes plusieurs jours de suite, et qui étaient à jeun depuis la veille : il y en avait une toute naturelle; c'était de faire garder la manutention par un fort détachement. Cet établissement était suffisant pour le service, puisque la garnison n'était pas augmentée. Il y avait dans les magasins de campement, rue Vaugirard, des marmites et des bidons; on pouvait en faire apporter aux Tuileries. A défaut d'intendant, personne autre n'y pensa, et la manutention resta sous la sauve-garde de quatre fusiliers.

A neuf heures un quart, le duc de Raguse, impatient de savoir si le 15e léger avait occupé les positions qui lui avaient été assignées, et qu'il devait tenir de très-bonne heure, fit donner l'ordre à un officier d'y aller avec quinze hommes. La mission que reçut cet officier montre parfaitement l'ignorance où était le maréchal de la situation de Paris; car si le 15e n'était pas arrivé, une si faible patrouille devait être infailliblement enlevée.

Un quart d'heure après, on se ravisa; on donna l'ordre à un bataillon de faire une reconnaissance de ce côté; mais par une singulière négligence, on ne parla point à l'officier qui le commandait des quinze hommes; on lui prescrivit seulement de se rendre au Palais-de-Justice, d'y attendre le 15e léger, et de s'en retourner quand ce régiment serait arrivé.

Ce bataillon trouva à la hauteur de la place du Louvre une espèce d'avant-poste où figuraient deux gardes nationaux en uniforme. Ils dirent qu'ils étaient sous les armes pour le maintien de l'ordre, et qu'ils avaient ordre de tirer sur les troupes qui voudraient se porter vers *la ville*. Ces deux hommes furent envoyés au quartier-général. Le bataillon, arrivé au Pont-Neuf, aurait dû se diriger par ce pont et par le quai de l'Horloge; mais l'avant-garde de ce bataillon ayant commencé à filer sur le quai de la Mégisserie, on ne voulut pas la faire retourner. Le reste suivit cette direction, quitte à prendre le Pont-au-Change. Cette circonstance sauva la patrouille des quinze hommes, qui, arrivée sur la place de Grève, la trouva remplie de peuple en armes. L'officier s'avançant pour parlementer reçut une décharge à bout portant, fut grièvement blessé, et eut un de ses hommes tué, et quatre autres blessés. Il se retirait comme il pouvait, mais allait être coupé, lorsque la tête du bataillon qui était arrivée sur la place du Châtelet, le dégagea.

Ce bataillon de la garde rentra aux Tuileries, lorsqu'il se fut assuré que le 15$^{e}$ arrivait au Palais-de-Justice.

Tel était l'état des choses à dix heures trois quarts. Il paraît que les intentions du maréchal avaient été de se garder en force aux Champs-Elysées, aux Tuileries, de tenir l'Ecole-Militaire, le Panthéon, le Palais-de-Justice, l'Hôtel-de-Ville, les boulevards intérieurs, qui assuraient la position des casernes dégarnies de troupes. La défense du Palais-Royal, confiée à un bataillon de la garde, se liait avec celle de la Banque, gardée par cent hommes, et était aussi appuyée par le Louvre, qui s'y maintenait en communication par les rues du Coq, etc.

Mais par les mouvemens que le maréchal prescrivit, et qui vont être indiqués, on voit qu'il voulait aussi avoir libres les grandes perpendiculaires de la porte Saint-Denis au Panthéon, des Tuileries aux boulevards par la rue Richelieu, et la ligne intérieure de la rue Saint-Honoré au marché des Innocens; et, par la place du Châtelet, l'Hôtel-de-Ville à la place

Saint-Antoine. Les troupes dont on disposait ne correspondaient pas à ce plan; le retard que le 15ᵉ mit à se rendre à l'Hôtel-de-Ville le dérangeait tout à fait, et puis, il faut le dire, l'attitude que prit la ligne devait seule le faire échouer, et même tout autre système de défense mieux entendu. On verra que non seulement cette *neutralité* de la ligne amena le résultat des journées des 28 et 29, mais que, le 28, elle fut la cause de la lutte terrible qui s'engagea à l'Hôtel-de-Ville et sur d'autres points. Il en résulta que la garde, isolée et sans appui, ne put sortir de ce qu'elle regardait comme un trop funeste duel, qu'en usant de tout le courage que les individus qui la composaient regrettaient d'employer contre des concitoyens; ils avaient, en outre, la certitude que la conservation des positions ou leur abandon ne pouvaient avoir aucune utilité militaire.

C'est au moment où les troupes se rassemblaient sur la place du Carrousel, que les députés de Paris se présentèrent à l'état-major.

La démarche de ces messieurs fut celle de bons citoyens; et les Français, de quelque opinion qu'ils soient, doivent le reconnaître.

Le maréchal, tout en l'approuvant, ne crut pas devoir, comme militaire, traiter avec eux, et malheureusement il pensa à en référer à M. de Polignac. Il nous semble que la responsabilité dont était investi le duc de Raguse, sa haute dignité de maréchal, son titre de *ministre d'Etat*, ses fonctions de major-général de service, tout lui faisait un devoir, ou du moins lui permettait de s'adresser directement au Roi. On sait quelle fut la réponse du ministre; là, encore, le maréchal devait insister pour que la proposition des commissaires fût soumise au Roi, et envoyer avec M. de Polignac, à Saint-Cloud, s'il ne pouvait y aller lui-même, un de ses aides-majors. Mais rien de tout cela n'eut lieu.

Le maréchal, informé enfin que l'Hôtel-de-Ville n'était pas occupé, et que le 15e ne faisait aucune disposition pour s'y rendre, ordonna les mouvemens suivans.

Une colonne d'un bataillon de la garde française, un peloton de lanciers et deux pièces de canon appuyés par le 15e léger, devaient se porter sur l'Hôtel-de-Ville, sous les ordres d'un maréchal-de-camp.

Deux autres bataillons de la même garde, deux

pièces de canon et trente gendarmes se seraient rendus au marché des Innocens. Là, un de ces bataillons devait aller jusqu'à la porte Saint-Denis, et revenir sur le marché, où le second bataillon, après avoir été à la place du Châtelet, serait venu l'attendre. Cette colonne aurait attendu de nouveaux ordres avant de quitter cette position.

Une troisième colonne, composée d'un bataillon de garde française, deux pièces de canon et trois escadrons de cavalerie, devait suivre la rue Richelieu, les boulevards jusqu'à la place Saint-Antoine; et revenir par la rue Saint-Antoine sur l'Hôtel-de-Ville, où elle se serait réunie à la première, venue par les quais.

Enfin, une quatrième colonne, formée d'un bataillon, deux pièces, et deux escadrons de grenadiers, dut se porter des Champs-Elysées à la Madeleine, suivre le boulevard jusqu'à la rue de Richelieu, et revenir aux Champs-Elysées.

Ainsi, le maréchal engageait toutes ses troupes à de grandes distances, sans qu'elles pussent se prêter un appui mutuel. Il les engageait dans des quartiers qui ne sont percés que de rues très-étroites et tortueuses, bordées des maisons les plus hautes; dans les quartiers les plus peuplés, et dont la population est la plus mobile de Paris; et il dégarnissait le Louvre, les Tuileries et les Champs-Elysées, où il resta à peine pendant ces mouvemens la force numérique d'un bataillon. En faisant ces dispositions, contre toutes les règles possibles, il fit croire à sa trahison. C'est à tort cependant que quelques personnes purent avoir un instant cette opinion : il avait perdu la tête. Car enfin, si l'on voulait répéter un *treize* vendémiaire, il était convenable d'imiter celui de l'homme qui appelait le duc de Raguse LE ROI MARMONT. Mais aujourd'hui ce fastueux maréchal de l'Empire n'était plus que le lieutenant de M. de Polignac.

La colonne qui partait des Champs-Elysées commença son mouvement, vers midi, par l'avenue Marigny, parcourut la rue du faubourg Saint-Honoré, et en arrivant vers la rue de la Madeleine, elle envoya quelques hommes à la mairie du premier arrondissement; ils y désarmèrent un détachement de la garde nationale. Le bataillon qui suivait la rue Royale fut assailli par une fusillade assez vive, partie de l'église de la Madeleine. Le général fit avancer une compagnie de voltigeurs; elle franchit une barricade en planches qui entourait cet édifice en construction, et débusqua ceux qui s'y étaient retranchés.

La communication des boulevards, vers les Bains-Chinois, fut rétablie par des postes détachés. Ces troupes restèrent dans ces positions, sans autre évènement remarquable. Elles n'eurent aucun blessé dans cette journée.

La colonne qui devait suivre la rue Richelieu et les boulevards y rencontra une foule considérable, mais qui ne commit envers ces troupes aucun acte d'hostilité, jusqu'à la hauteur de la porte Saint-Denis, où un coup de fusil fut tiré sur la tête de la colonne des lanciers. L'adjudant-major de ce corps tomba de cheval, grièvement blessé. L'individu qui avait tiré se perdit dans la foule, qui s'écarta pour laisser passer les troupes; on tira aussi du haut de l'arc de triomphe. Le général qui commandait ces troupes laissa à la porte Saint-Denis un détachement pour attendre le bataillon qui s'avançait par la rue Saint-Denis, et continua avec le reste sa route vers la place de la Bastille. Près de la porte Saint-Martin, il fut assailli par une vive fusillade : il fit passer alors sa cavalerie derrière l'infanterie, qui, démasquée, fit un feu de peloton. Ce fut là le premier feu de cette colonne. L'artillerie tira aussi deux coups de canon, et la colonne franchit la barricade qu'on commençait à élever sur le boulevard.

C'est lorsque ses troupes eurent dépassé les postes Saint-Denis et Saint-Martin, que le peuple, qui, depuis le matin, occupait ces positions, où il avait désarmé ou dispersé les faibles détachemens de la gendarmerie, commença à élever des barricades pour s'opposer au retour de la colonne de la garde, qui, continuant son chemin, dépassa aussi près du Château-d'Eau, le 50e régiment, qui y avait été placé dès le matin.

Arrivé vers la place de l'Eléphant, le général trouva une quantité considérable d'habitans du faubourg réunis, et dans une grande agitation. Le général parla à plusieurs, chercha à les persuader de rester paisibles, leur représenta qu'ils n'auraient rien à gagner à troubler la tranquillité. Ils lui répondirent qu'ils n'avaient point de pain ni d'ouvrage. Dans le nombre de ces interlocuteurs étaient beaucoup de femmes et d'enfans. Il leur distribua de l'argent; ils crièrent : *Vive le Roi* (1)! Les cris se mêlaient aussi à ceux de *vive la Charte!* et *à bas les ministres!*

Le général fit déblayer la place pour y former ses troupes en bataille. La foule reflua vers les rues St.-Antoine, du faubourg, de la Roquette, et le long du Canal. Ce mouvement s'exécuta moitié de gré moitié de force, le général distribuant de l'argent, et les soldats écartant petit à petit le peuple. Des barricades avaient été élevées à l'entrée de la rue Saint-Antoine. Un détachement d'infanterie, en s'en approchant, y fut reçu par une fusillade qui blessa plusieurs hommes, dont un officier supérieur. Cette décharge servit comme de signal à ceux qui avaient évacué la place, pour tirer de tous les angles des rues sur les troupes de la garde, qui répondirent à ce feu, et se maintinrent sur cette place sans perte notable.

Le général étant informé que plusieurs barricades s'élevaient dans la rue Saint-Antoine, pensa qu'il ne pourrait traverser cette rue sans être retardé par

(1) C'est le rapport fait par le général qui produisit la lettre de M. de Polignac qui a été publiée dans les journaux; car ce fut de son propre mouvement que M. de Saint-Chamans vida sa bourse dans les mains des habitans du faubourg; il n'avait reçu à cet égard aucune instruction.

son artillerie, qui éprouverait des difficultés à les franchir, et faciliterait par-là le genre de défense dont ces rues étaient le plus susceptibles. Appréciant, du reste, l'inutilité militaire de ces promenades à travers ces quartiers, il prit la résolution de retourner aux Tuileries par les boulevards du Sud, et alla passer la Seine au pont d'Austerlitz.

Un détachement de cuirassiers fut laissé près de la place, avec ordre de se rendre à l'Hôtel-de-Ville pour avertir les troupes qui devaient l'avoir occupé, de ne pas attendre la colonne des boulevards. Le capitaine chargé de cette mission s'en acquitta comme on verra ci-après. Il fut rejoint, avant de quitter la place de l'Eléphant, par le 50$^{e}$, qui voulait se retirer dans sa caserne, mais qui la trouvant occupée par les gens du faubourg, qui s'y étaient établis, se dirigea aussi sur l'Hôtel-de-Ville.

Le général qui était chargé d'aller occuper le marché des Innocens, y fut reçu par une fusillade assez vive, partie surtout des fenêtres, d'où on jetait aussi des pierres, des meubles qui blessèrent quelques hommes; mais le feu de la troupe eut bientôt éteint sur la place celui des assaillans. On saisit ce moment pour envoyer le premier bataillon vers la porte St.-Denis. Cette troupe trouva une première barricade près la Cour Batave, et elle la franchit sans difficulté, mais eut à passer sous le feu du peuple qui garnissait la grille et les fenêtres de la Cour Batave. Le général maintint sa position avec le second bataillon; l'artillerie ne put être mise en batterie dans le prolongement de la rue Saint-Denis; ce mouvement exposait trop les canonniers sans utilité réelle. On voit que le général modifia l'ordre du maréchal, et fit bien. Pourquoi aurait-il promené son artillerie à travers des rues si étroites et barricadées? Son intention était d'attendre le retour de son premier bataillon avant de faire opérer son second mouvement vers la place du Châtelet. Mais à quelque distance de la Cour Batave, et avant l'église Saint-Leu, le colonel qui commandait le bataillon fut très-grièvement blessé, et son cheval fut tué (1) : ses soldats lui improvisèrent

---

(1) Le colonel de Pleineselve fut dangereusement blessé; il est mort à la suite de l'amputation de la cuisse. Cet officier avait fait avec distinction les guerres de l'empire en Hollande, en Espagne, à la grande armée, dans la garde impériale, et comme aide-de-camp du général Desmoustier. Il fit prisonnier de sa main, à la bataille de Leipsick, le général autrichien Merfeldt, chef d'état-major-général de l'armée des

un brancard, et se mirent à le porter. Cet incident ralentit la marche de cette troupe, qui n'arriva qu'à travers de grandes difficultés à la porte Saint-Denis. Le colonel jugea que ce ne serait qu'avec plus de peine encore qu'on pourrait retourner au marché des Innocens, et comme, par le temps qu'on avait perdu, il pouvait arriver que le second bataillon et le général ayant fait un mouvement, on courût risque alors de trouver ce marché occupé par le peuple, il se disposa à prendre une autre direction. On lui proposait de revenir par le boulevard; mais il fit observer que depuis le passage de la colonne qui était venue par la rue Richelieu, et qui avait continué son mouvement vers la rue Saint-Antoine, les boulevards n'étaient plus libres, et que les troupes de la ligne ne s'opposaient plus, à ce qu'il paraissait, au mouvement

---

alliés. M. de Pleineselve était un des meilleurs colonels et des plus honnêtes gens de l'armée. Dans cette dernière circonstance, il ne cessa de diriger sa troupe. Malgré ses souffrances, le sang-froid et l'esprit d'ordre qui le caractérisaient ne se démentirent pas un seul instant. Le trajet du marché aux Champs-Elysées dura sept à huit heures. Il fut le dernier à vouloir être pansé de ses blessures, et ne le fut réellement qu'à 1 heure du matin, par le docteur Larrey, à l'hôpital du Gros-Caillou, où ses soldats le portèrent.

du peuple, puisque chaque instant augmentait le nombre des assaillans. Enfin, le colonel se décida, pour mieux assurer le transport des blessés, à remonter la rue du faubourg Saint-Denis, et à gagner les boulevards extérieurs, ce qui lui réussit parfaitement.

Ce bataillon, pendant cette longue marche, n'eut qu'une vingtaine d'hommes hors de combat et sept tués. Quoique résolu à prendre la direction du faubourg, le bataillon attendit cependant plusieurs heures à la porte Saint-Denis: on put y mettre un premier appareil aux blessures les plus graves : c'est pendant ce temps qu'un caporal de voltigeurs et trois hommes montèrent dans l'arc de triomphe, et en firent descendre quelques hommes qui avaient tiré de cette position, toute la matinée, sur les patrouilles et les colonnes de troupes.

Cependant, le bataillon qui était resté au marché des Innocens n'avait pas quitté sa position. A quatre heures, les cartouches commençaient à manquer, quoiqu'on les eût beaucoup ménagées. Le premier bataillon ne revenait pas; le général ne pouvait communiquer avec les Tuileries; des barricades, la foule toujours plus épaisse et toujours mieux armée, s'accumulaient sur ses communications. Sa situation pouvait devenir très-critique. Son aide-de-camp lui offrit d'aller la faire connaître au maréchal. Dans un clin-d'œil il eut coupé ses moustaches et pris la veste d'un homme du peuple, et se dirigea vers les Tuileries, où il arriva heureusement.

Au même moment, un message semblable était apporté au maréchal, par un détachement de cuirassiers qui arrivait de la place de Grève; il n'y avait de disponible au Carrousel qu'un bataillon suisse; il fut envoyé au marché des Innocens. L'officier qui commandait ce bataillon augmenta les difficultés et perdit du temps; il arriva à la place des Innocens en passant par la Pointe-Saint-Eustache, après avoir parcouru les rues Montorgueil, Saint-Sauveur, etc. Il paraît qu'il ne savait pas le chemin du marché; ce fut un capitaine de son régiment qui l'avertit de son erreur.

Ces deux troupes réunies se dirigèrent alors, par la rue Saint-Denis, sur la place du Châtelet, et de là sur les quais, jusqu'à celui de l'Ecole, où elles prirent position. Elles rencontrèrent plusieurs barricades qui pouvaient présenter des difficultés pour le passage de l'artillerie, mais les pièces les franchirent facilement.

Nous voici arrivés à la colonne qui devait se rendre à l'Hôtel-de-Ville. Elle avait suivi les quais des Tuileries, du Louvre et de l'Ecole; arrivée au Pont-Neuf, elle trouva le colonel et deux bataillons du 15e léger; il occupait les rues de la Monnaie et Dauphine. Le général lui transmit l'ordre du maréchal, qui prescrivait que ce régiment appuierait les mouvemens de la garde, et qu'un de ses bataillons la soutiendrait immédiatement. Le bataillon de la garde, après avoir passé le Pont-Neuf, prit par le quai de l'Horloge. Un bataillon du 15e le suivit. Arrivé au marché aux Fleurs, le général décida qu'on se porterait à la place de Grève par le pont Notre-Dame, et qu'une diversion aurait lieu par le nouveau pont suspendu. Deux pelotons de la garde y furent destinés. Le 15e devait laisser deux pelotons sur le marché aux Fleurs, pour barrer la rue de la Juiverie; le reste devait soutenir la garde.

Pendant ces dispositions, les rassemblemens, qui depuis le matin s'étaient formés dans les quartiers et la place de Grève, s'ébranlèrent avec un certain ordre pour venir occuper le pont Notre-Dame, et probablement le Palais-de-Justice; ils arrivaient par la rue des Arcis, tambours en tête, et précédés de quelques individus qui paraissaient les diriger. Les deux pièces étaient arrêtées à l'entrée du pont, du côté du marché aux Fleurs ; on les poussa en batterie au milieu du pont. Un officier supérieur de la garde s'avança près du quai de Gèvres, dit aux individus qui précédaient cette colonne qu'ils allaient se faire broyer par l'artillerie, et les conjura, au nom de l'humanité, de retourner; les tambours cessèrent de battre, et la colonne se jeta à droite et à gauche ; mais des coups de fusil en partirent, et tuèrent un adjudant qui avait accompagné l'officier. C'est alors que les deux premiers coups de canon furent tirés. Les quais de Gèvres et Pelletier furent occupés par la garde. On tirailla un peu des fenêtres de la rue des Arcis et des encoignures de la rue de la Tannerie.

Le détachement qui passait le pont suspendu n'aurait dû déboucher de l'arche-portique qui soutient ce pont qu'au même instant que l'on serait arrivé sur la place par le quai Pelletier. La vivacité d'un officier hâta ce mouvement, et laissa ce détachement exposé pendant quelque temps à tout le feu qui partait des fenêtres et de la place. Enfin la place fut occupée; les défenseurs s'écoulèrent par les rues et ruelles qui y aboutissent; ceux qui étaient dans les maisons s'y tinrent tranquilles. On tirait encore par les angles de la rue du Mouton, où il y avait une barricade; elle fut enlevée.

L'artillerie fut mise en batterie sur la place, et prête à tirer dans la direction du quai de la Cité vers le pont de la Cité et sur la tête de ce pont au débouché de la rue Saint-Louis (en l'île). C'était le seul parti qu'on en pût tirer; la hauteur du parapet empêchait de la diriger sur d'autres points : en général, ces huit pièces, réparties dans les quatre colonnes, servirent fort peu, et embarrassèrent partout. On a parlé de la mitraille : nous répétons, avec toute certitude d'exprimer la vérité, qu'il n'y en avait que quatre coups par pièce. La position des troupes n'était assurée, sur la place, que par le 15e léger, qui occupait le quai aux Fleurs et le quai de la Cité, et qui devait, sur ce quai, observer les petites rues de la Colombe et de Saint-Landri. Le 15e avait été chargé aussi de soutenir le peloton de la garde qui barrait la rue des

Arcis; on y comptait. Lorsque plusieurs hommes furent atteints par des balles venues de la rive gauche, on envoya en prévenir le chef de bataillon du 15e; il répondit qu'il allait y remédier, mais il n'en fit rien. Nouveau message, et refus formel cette fois de la part de cet officier. Bientôt le quai de la Cité fut rempli de tirailleurs, qui firent, sous la protection du 15e, un feu très-nourri sur la place. C'est dans ce moment que le bataillon du 50e de ligne, qui avait jugé à propos de quitter le boulevard pour retourner à sa caserne de l'*Ave-Maria*, la trouvant occupée, arriva par le quai de la Grève, précédé de quarante cuirassiers (1).

Il paraissait certain, alors, que la colonne qui devait venir par la rue Saint-Antoine, n'arriverait pas.

---

(1) Ce détachement avait quitté la rue Saint-Antoine, avant d'arriver à la hauteur de l'église Saint-Gervais, pour éviter le passage de rues étroites qu'il aurait rencontrées aux approches de l'Hôtel-de-Ville. Le capitaine de cuirassiers détacha son trompette, pour prévenir les troupes qui étaient à l'Hôtel-de-Ville. Ce brave jeune homme se dévoua seul pour tâcher d'obtenir une diversion en faveur de ses camarades. Il parvint à la place de Grève à travers les barricades et tous les dangers possibles, et remplit sa mission. On fit faire une charge sous l'arcade Saint-Jean et dans la rue Saint-Gervais, par douze lanciers secondés par quelques voltigeurs, qui y attirèrent l'attention des Parisiens, pendant que le détachement de cuirassiers gagnait la Grève, suivi du 50e de ligne.

Les cartouches manquaient. On se détermina à faire occuper l'Hôtel-de-Ville; on fit entrer la cavalerie et l'artillerie dans la remise, pour les garantir du feu plongeant qu'on faisait en toute sécurité de la rive gauche. Le bataillon de ligne fut placé dans la cour de l'hôtel, le colonel l'ayant désiré : ce n'était que sous la condition d'une espèce de neutralité avec les Parisiens, que cet officier avait pu se faire suivre de sa troupe.

Enfin, un détachement de 200 Suisses, qui avait été envoyé des Tuileries, releva une partie du bataillon ou détachement (220 hommes) de la garde française, qui depuis cinq heures se battait, et avait déjà 40 hommes hors de combat. Ce mouvement fut mal exécuté à la barricade de la rue du Mouton, et sur le quai Pelletier, aux encoignures de la rue des Arcis, qui, par un malentendu, furent abandonnées. Mais il convenait de réoccuper la barricade; on s'y disposait, lorsque dans ce moment, par toutes les avenues de la place, le peuple chercha à faire un effort décisif. Il fut repoussé, et la barricade réoccupée. Les Suisses perdirent du monde. On les avait fait soutenir par une compagnie de grenadiers et des voltigeurs de la garde française : ces derniers, absolument dépourvus de cartouches, allèrent barrer le pont suspendu, et y restèrent, pendant trois quarts d'heure, avec une constance remarquable.

Occupant l'Hôtel-de-Ville, il fallut réduire la défense à ce poste : cet édifice embrasse tout un pâté, qui est entouré par les rues de la Tixeranderie, du Monceau-Saint-Gervais et de la Mortellerie. On fit ouvrir les appartemens qui ont vue sur les rues et sur la place, et on y disposa des tirailleurs de la garde. On obtint les cartouches des soldats de la ligne ; et lorsque tout fut disposé, on fit retirer les Suisses de la place, ainsi que les grenadiers de la garde. On fit garder la barricade de la rue du Mouton par un poste de voltigeurs français de la garde : ce mouvement fut mal interprété par les assaillans, qui essayèrent encore d'arriver sur la place ; mais le feu des fenêtres de l'Hôtel-de-Ville, dont on se servit pour la première fois, rendait cette tentative inutile, et les positions mêmes des rues du Monceau-Saint-Gervais et autres, qui les avaient abrités pendant toute la journée, leur furent funestes, puisqu'on y plongeait des appartemens qu'on avait ouverts à cet effet.

A la nuit, un sous-officier déguisé vint annoncer que la colonne qui devait arriver de la place Saint-Antoine, avait pris une autre direction (ce qu'on savait déjà), et que les troupes qui étaient à l'Hôtel-de-Ville devaient faire leur retraite sur les Tuileries, comme elles pourraient (1).

Il restait à exécuter avec ordre et ensemble cette retraite, qui, du reste, n'était rendue difficile que par le nombre de blessés, qu'on ne devait ni ne voulait abandonner (environ 50 à 60) (2), et par l'artil-

---

(1) C'était la réponse d'un message envoyé à 4 heures du soir, par un détachement de dix cuirassiers. L'officier qui les commandait avait été chargé de la rapporter à 6 heures. Ayant fait observer qu'il lui serait impossible de retourner sans infanterie, on lui donna *vingt soldats* suisses; mais ils ne purent, non plus que lui, franchir une barricade élevée sur le quai de la Mégisserie, un peu en avant du 15e léger. Ils y furent en partie tués ou blessés, en présence de ce régiment.

(2) M. Charpentier, lieutenant, qui était de ce nombre, et qui est mort de sa blessure, a pu être évacué le matin à l'Hôtel-Dieu. Cet officier, fils d'un colonel, et recueilli sur un champ de bataille où son père succomba, avait été adopté par le général Bellavène, qui le fit élever au Prytanée, et de là à l'Ecole militaire. Il avait fait plusieurs campagnes avec distinction, et donnait les plus grandes espérances. Il est pénible de penser qu'elles furent détruites dans une guerre civile.

M. Noirot, autre lieutenant, avait été tué en arrivant sur la place. Cet officier, d'une bravoure remarquable, avait été décoré en 1813 par le prince Eugène, dans une des redoutes de Caldiero (Italie), où il était entré à la tête de quelques voltigeurs.

lerie, qui aurait à franchir des barricades : on s'en rapporta, pour cela, à l'excellence et à la mobilité du nouveau matériel. Les blessés étaient ce qu'il y avait de plus embarrassant; mais leurs camarades se chargèrent de les emporter. Il n'y avait plus qu'à fixer l'heure et la route à suivre; la direction la plus convenable était précisément celle qu'on avait suivie pour venir : le quai aux Fleurs est fort large; le quai de l'Horloge est abrité, pendant un grand espace, par les bâtimens de la Conciergerie, du Palais-de-Justice; enfin, les maisons sont habitées par peu de locataires.

On savait que les Parisiens ne se *desheurent* jamais; ils s'étaient bien battus toute la journée; à onze heures, la lune serait couchée; les réverbères étaient brisés; on ne reste pas volontiers à causer dans l'ombre, quand on a beaucoup à raconter; il était évident que le chemin serait libre à minuit : ce fut le moment qu'on choisit.

Une circonstance assez singulière faillit déranger ce plan, ou en augmenter les difficultés. Par excès de précaution, on voulut faire occuper une boutique de marchand de vin qui fait le coin du quai Pelletier;

on y destina vingt-cinq grenadiers. On crut d'abord nécessaire de faire tirer sur ce bâtiment deux coups de canon; peu s'en fallut que le pilier de l'angle ne fût renversé : il avait déjà souffert d'un coup tiré, le matin, du pont Notre-Dame. Si ce pilier fût tombé, il eût entraîné une partie de la maison, qui se serait écroulée sur le quai. Du reste, la boutique était à jour, et les grenadiers ne pouvait se tenir debout dans l'entresol, on les fit rentrer.

Depuis la nuit tombante, les hommes n'avaient plus de cartouches; cependant, quelques paquets avaient été réservés pour l'avant-garde de la colonne, pendant la retraite. Quand la nuit fut close, les individus qui étaient dans les maisons de la place pour tirer sur les troupes, et qui n'y logeaient pas, en sortaient successivement : les postes d'observation sur la place les voyaient fort bien; mais on les laissa s'esquiver en silence : on ne troubla pas davantage les habitans de ces maisons qui voulurent y rentrer. Les marchands de vin qui en avaient encore, et plus particulièrement celui qui est à l'angle de la place et de la rue du Mouton, en vendirent aux soldats : celui-là fit fort bien ses affaires. Quelques bouteilles, étendues d'eau, furent d'un grand secours à la troupe et aux blessés : ce fut même le seul aliment qu'ils prirent pendant cette journée.

A minuit, comme on en était convenu, les troupes quittèrent l'Hôtel-de-Ville. Le détachement de voltigeurs qui les précédait de quelques pas, courut s'emparer d'une barricade qui obstruait le quai Pelletier : quelques pavés qu'on fit ébouler, permirent que l'artillerie pût la franchir. Le bruit de cette opération attira dans cette direction quelques coups de fusil, tirés au hasard de la rive gauche de la rivière, mais qui n'atteignirent personne. On trouva le 15e léger au Palais-de-Justice et au Pont-Neuf. Nous devons dire que les militaires qui avaient combattu pendant douze heures à l'Hôtel-de-Ville, furent étonnés de rencontrer encore ce régiment dans ces positions; car il est toujours plus aisé de comprendre l'opinion contraire, dans une guerre civile, que de pouvoir apprécier la longanimité de ceux qui restent neutres, ou qui attendent que la fortune se soit déclarée pour l'un ou l'autre parti (1).

---

(1) Il paraît que le bataillon de ce régiment qui devait occuper la

Telle est la relation du 28 juillet, sauf quelques épisodes assez peu importans que ce cadre ne comporte pas, mais que la renommée, dans ces momens de troubles, a augmentés ou mal rendus. Nous croyons aussi qu'elle a singulièrement exagéré le nombre des victimes, déjà trop grand en réalité.

Parmi les écrits qui, jusqu'à ce jour, ont paru sur les évènemens, et qui tous, plus ou moins, les racontent d'une manière confuse et outrée, on remarque *Une semaine de l'histoire de Paris*. L'auteur, romancier fécond, y est devenu historien à la manière de quelques anciens : il n'épargne ni les harangues, ni les conversations, ni les portraits; il fait livrer une bataille en toutes règles, par le duc de Raguse, dans les rues Saint-Honoré, Croix-des-Petits-Champs, place des Victoires, où ce maréchal, suivi de trois

---

place du Panthéon, rentra dans sa caserne, et qu'il livra ses armes aux premières injonctions du peuple; du moins on y comptait, puisqu'on avait affiché et écrit à la craie en différens endroits, sur la place de l'Hôtel-de-Ville : *A 2 heures, sur la place du Panthéon*, 2000 *fusils seront livrés au peuple.* Quoi qu'il en soit de l'heure où ces armes furent rendues, les sous-officiers sédentaires, qui étaient casernés sur cette place, livrèrent les leurs dans l'après-midi. Le capitaine de cette compagnie faisant des difficultés, on lui annonça que le 15e léger avait rendu les siennes.

aides-de-camp, de l'escorte ordinaire et des ordonnances de service, alla faire, dans l'après-midi, une visite des postes de la Banque et du Palais-Royal, qui se liaient au Louvre par les rues Croix-des-Petits-Champs et du Coq. Le passage du maréchal dût exciter sans doute l'ardeur de quelques tirailleurs parisiens, mais ne changea rien aux positions que les troupes devaient garder ou observer.

Quant à l'énergie qu'a déployée le peuple, elle est incontestable; les versions que nous avons entendues par les militaires, tous les rapports que nous avons eus en font foi. Mais il est des vérités qu'il faut aussi admettre : par exemple, le genre d'attaque ou de défense qui a été le plus efficace aux Parisiens, et qu'on n'a pas assez apprécié, parce qu'au fait il n'offre pas beaucoup de danger, c'est la guerre par les fenêtres. Toutes les barricades, par trop célèbres, ont été franchies par les troupes. Les attaques essayées en masse par le peuple, ne pouvaient l'être qu'en pure perte; et enfin, à l'Hôtel-de-Ville, où il vint se heurter de tous les points, où de nouveaux combattans se renouvelèrent toujours, ses tentatives furent sans résultat : car il est bien démontré à présent que cet hôtel ne fut jamais repris le 28 par le peuple, et même qu'après avoir été évacué par la garde, il resta désert de minuit au 29 matin.

Il n'en est pas moins constant qu'aux efforts qui furent faits pour le reprendre, on reconnut l'instinct militaire et le courage de la plus vaillante nation du monde. Et il faut encore consacrer ce fait : ce furent les classes les moins aisées de Paris qui prirent seules part aux combats de cette journée. Quelques élèves des Ecoles de médecine et de droit parurent sur le quai de la Cité, vers la fin; mais ce fut particulièrement dans les quartiers de la rue Dauphine qu'ils se réunirent le soir. Le 15$^{e}$ léger occupait l'entrée de cette rue et le pont Saint-Michel.

Le 29 juillet, les colonnes de la garde, si mal à propos engagées le 28, étaient rentrées dans la nuit aux Tuileries. Leurs pertes s'élevaient à plus de trois cents hommes tués ou blessés, en y comprenant celles qu'on avait éprouvées sur d'autres points de la défense. Ces troupes avaient fait et firent tout ce qui est humainement possible; depuis quarante-huit heures elles n'avaient pris un moment de repos; depuis le 27 au matin elles n'avaient reçu aucune distribution. Une chaleur peu ordinaire ( 28 degrés Réaumur ) se faisait sentir seulement depuis trois jours ; et sans les occupations d'un combat si soutenu, cette température si élevée, augmentée dans les rues par la réverbération, n'aurait pas été tolérable. Cependant la garde, qui venait de terminer un combat de douze à treize heures, n'était pas ébranlée. On lui promit du pain à la pointe du jour ; mais tout manquait ; et les soins de l'aide-major-général de service ne parvinrent qu'à faire distribuer un quart de ration à deux ou trois bataillons ; c'était ce que les boulangers qui avoisinent le quartier des Tuileries avaient pour leur commerce particulier.

Au retour des troupes, on disait, et tout le monde croyait que le Roi et les princes étaient arrivés pendant la soirée ; mais quand le jour fut venu, et que l'absence du drapeau sur le donjon indiqua que le Roi n'avait pas quitté Saint-Cloud, peut-être même Rambouillet, où l'on savait qu'il avait été le 26, les soldats éprouvèrent un sentiment d'inquiétude et de dégoût ; quelques-uns l'exprimaient dans leur langage énergique. L'instinct du soldat ne raisonne pas, mais il est juste. Les officiers eux-mêmes ne concevaient pas non plus que le Roi et le dauphin eussent tout à fait abandonné le sort de la capitale à M. de Polignac; car personne dans la garde ni dans l'armée ne partageait les illusions du petit nombre de ses partisans de la cour.

Le duc de Raguse, sans être tout à fait aussi impopulaire dans la garde, n'avait pas sa confiance; les uns, c'étaient les plus bienveillans, redoutaient le malheur attaché à toutes ses entreprises; les autres n'appréciaient pas du tout ses actions politiques. Cette dernière opinion était partagée par la majorité des sous-officiers et par beaucoup de soldats; c'était pour les premiers une tradition militaire; les seconds l'avaient puisée dans les souvenirs du chaume sous lequel ils avaient passé leur enfance; le nom de *Raguse*, à tort ou à raison, sera long-temps mêlé à ceux de *Cosaques* et de *Prussiens*. Enfin, ceux qui l'avaient vu depuis à l'armée, à la cour ou dans le monde, lui accordaient de l'esprit, des connaissances, mais ne voyaient en lui qu'un homme tout de théories, n'ayant jamais su les appliquer dans les affaires de l'Etat ou dans les siennes propres, non plus qu'à la guerre, où il n'était réellement connu que par des défaites.

Les positions qu'occupaient les troupes à la pointe

du jour, sauf les boulevards jusqu'à la rue de la Paix, abandonnés par les régimens de ligne, dont les casernes avaient été occupées par le peuple, ainsi que celles des Célestins, étaient les mêmes que la veille au matin.

Un bataillon gardait l'Ecole-Militaire. Il y avait à la caserne Babylone un dépôt de cinquante à soixante recrues commandé par le major. Le vaste espace des Invalides était livré à la défense de ses vétérans et aux élèves de l'Ecole d'état-major. Le Palais-Bourbon était gardé par la ligne. Le Louvre était occupé par deux bataillons suisses; la Banque par cent hommes de la garde; le Palais-Royal par un bataillon; la rue Saint-Honoré par un bataillon; la rue de la Paix, la place Vendôme et la rue Castiglione par les 5e et 53e de ligne. Sur la place du Carrousel il y avait un bataillon suisse arrivé la veille au soir de Ruel; dans le jardin, le 50e et le 15e léger, et trois bataillons de la garde (1).

Aux Champs-Elysées, dans la rue Royale et sur le boulevard des Capucines, il y avait deux bataillons

(1) Lorsque nous nous servons de l'expression de *bataillon*, on doit se rappeler que cela signifie un cadre de 220 à 240 hommes au plus, excepté les Suisses, qui avaient 400 hommes par bataillon.

de la garde; ils étaient arrivés de Versailles dans la soirée du 28. Les chasseurs y furent placés dans la matinée, arrivant de leur garnison; ce qui augmentait les forces d'environ 1200 hommes d'infanterie, y compris le bataillon suisse venu de Ruel, et de 500 chevaux, augmentation qui ne compensait pas les pertes de la veille, en hommes tués, blessés, ou pris dans la quantité de petits postes qu'on eut l'imprévoyance de laisser subsister après les évènemens de la soirée du 27, et qui furent tous enlevés, comme nous l'avons dit, le 28, avant que les troupes fussent sorties de leurs casernes. Ce qui restait de gendarmes, car beaucoup avaient été désarmés la veille au matin dans leurs casernes ou dans leurs postes, était sur la place du Palais-Royal et à l'état-major de la place Vendôme. C'est à l'espace compris dans ces positions que l'on eût dû borner la défense dès le 27, ayant le dessein de se défendre dans Paris; et en acceptant toutes les conséquences, il ne fallait pas s'étendre davantage. C'était à peu près l'enceinte qu'occupaient les troupes du Directoire, au 13 vendémiaire, et où les sections furent vaincues par le général Buonaparte. En s'y établissant et y attendant les masses parisiennes, on avait au moins cette tradition pour soi.

Le total des troupes dont on disposait pour la défense de cet espace était, savoir:

| | | | |
|---|---|---|---|
| Garde : Infanterie, | 11 bataillons, | 3000 hommes. |
| Cavalerie, | 13 escadrons, | 1300 | *id.* |
| | | Total, | 4300 hommes. |

Il restait de la ligne huit bataillons, environ 2400 hommes, portés seulement pour mémoire; mais environ 600 hommes de la garde gardaient l'Ecole-Militaire, la Banque, le Palais-Royal et les maisons de la rue Saint-Honoré. Il n'y avait réellement de disponibles que 3700 hommes sur lesquels on pût compter, et huit pièces de canon.

Pendant la nuit, le tocsin, qui la veille n'avait cessé de retentir dans les quartiers des halles, Saint-Antoine, Saint-Marceau, Saint-Jacques et la Cité, ne discontinua guère de se faire entendre; et au jour, les habitans s'occupèrent d'augmenter et perfectionner les barricades. Quelques nouveaux combattans se réunirent à ceux de la veille; les rassemblemens purent encore mieux se former, une très-grande partie de la ville étant entièrement libre. Mais, à cette heure encore, beaucoup de gens qui se sont proclamés les défenseurs de la cause populaire, quand Paris fut évacué, le 29 au soir, ou le 30 et même le 31 au plus tard, ne s'étaient pas même montrés. Soixante élèves de l'Ecole polytechnique parvinrent à forcer les portes de leur Ecole, ou à en escalader les murs, et se réunirent au manége du Luxembourg, dans la matinée du 29.

Si le peuple vit survenir beaucoup d'individus qui voulurent se mêler dans ses rangs quand il eut tout fait lui-même, il faut convenir aussi que, du côté des Tuileries, il n'y avait que des officiers et des soldats; et on verra qu'à Saint-Cloud, à Rambouillet, la turpitude des courtisans fut mise dans toute son évidence. Là, des hommes que nous avions vus, seize ans auparavant, abandonner à Fontainebleau, avec non moins de promptitude, celui qu'ils avaient perdu, malgré son génie immense, par leur bassesse ou leur lâche complaisance; ceux-là mêmes qui n'avaient cessé de préconiser les coups d'Etat, qui avaient laissé méconnaître les droits et les intérêts du pays, et les services de l'armée, sur laquelle ils s'étaient élevés, furent les plus empressés à venir assiéger les avenues du Palais-Royal.

En attendant, le commencement de la matinée se passa en placemens et déplacemens de troupes; et toutes ces rectifications de postes ne firent qu'en confondre davantage les commandemens. La garde, par exemple, embrigadée depuis sa formation, et qui, la veille, avait été distraite du commandement de ceux de ses généraux qui étaient présens, fut mise sous les ordres de nouveaux chefs. Les officiers de cavalerie passèrent aux commandemens de l'infanterie, et réciproquement ceux de l'infanterie à la cavalerie. Les 5^e^ et 53^e^ régimens de ligne seulement furent réunis, sous le commandement de M. de Wall, à la place Vendôme; ce qui restait du 50^e^ et du 15^e^ léger, et que nous avons dit avoir été placé dans le jardin, fut mis nominativement sous les ordres de deux généraux différens, qui commandaient aussi des régimens de la garde. A chaque mouvement, une nouvelle mutation dans les commandemens. L'état-major-général, toujours établi au Carrousel, transmettait tous ces changemens par des ordres verbaux. Il aurait été impossible aux généraux de se faire reconnaître par les troupes qu'ils étaient censés commander momentanément; et si eux-mêmes s'établissaient quelque part, leurs troupes avaient souvent changé de place sans qu'ils en fussent prévenus.

Pendant toutes ces singulières manœuvres, qui annonçaient l'irrésolution du maréchal Marmont, on l'avait vu lui-même faire quelques tours de promenade près de son logement, comme pour respirer l'air frais du matin, et rentrer ensuite sans parler à personne.

Vers huit heures, les troupes reçurent l'ordre du jour suivant :

*Le Roi a chargé M le maréchal duc de Raguse de témoigner aux troupes de la garde et de la ligne sa satisfaction*, etc., *et leur accorde en témoignage de sa satisfaction un mois et demi de solde*, etc.

Pour le major de service,
*L'aide-major-général de service.*

L'inconvenance de témoigner de cette manière sa satisfaction aux troupes ne leur échappa point; cette promesse, qui ne put être suivie d'aucun effet réel, ne laissa pas que d'en avoir un très-fâcheux sur les officiers et les soldats. Quelques chefs de corps eurent le bon esprit de n'en pas donner connaissance à leur régiment. Ce que les troupes étaient en droit d'attendre, c'était leur pain de munition, et on n'y avait pas pourvu! Il paraît que cet ordre donné au nom du Roi, fut encore une de ces funestes inspirations du maréchal (1).

Pour pouvoir suivre avec attention les évènemens de la journée, il est nécessaire que nous revenions sur le placement des troupes, qui avait subi quelques changemens. L'Ecole-Militaire était gardée, comme nous l'avons dit, par un bataillon de la garde. Cette vaste caserne renfermait du matériel, des munitions, la comptabilité de trois régimens. Elle était, du reste, importante comme position militaire, et un bataillon était insuffisant : encore ce fut le chef du régiment d'infanterie qui prit sur lui d'y placer un bataillon, car on ne lui avait rien prescrit à cet égard; il en rendit compte, et on l'approuva. Les Suisses,

(1) Il est à notre connaissance qu'un seul régiment toucha cette gratification. S'il fut donné quelques à-comptes à Saint-Cloud et à Rambouillet par la liste civile, ce fut sur la solde des soldats et des officiers, qui était due aux soldats, dans plusieurs régimens, depuis le 27, et à tous les officiers, au 1er août.

en quittant leur caserne de Babylone, y avaient naturellement laissé des recrues arrivées au corps depuis peu. Le major fut chargé de commander ce dépôt de cinquante à soixante hommes. Le palais Bourbon et la Chambre des députés furent confiés à un fort détachement du 5e de ligne, à ce que nous croyons. Le Louvre était occupé par deux bataillons suisses : l'un garnissait la colonnade et les fenêtres, l'autre était en réserve dans la cour : un troisième bataillon de ce corps était au Carrousel, ayant derrière lui dans la cour du château deux escadrons de lanciers qui étaient placés de manière à ne pouvoir agir, ayant un défilé devant la grille de l'arc de triomphe, et, pour toute retraite, le passage de l'horloge.

Cette mauvaise disposition n'aurait pas dû au moins échapper au maréchal, puisqu'il l'avait sous les yeux. Malgré cela, la défense du Louvre et des Tuileries de ce côté était suffisamment assurée. On verra ce qui la fit échouer.

Au Palais-Royal et à la Banque, il n'y avait rien de changé. On avait seulement placé quelques hommes et un officier dans les étages de la dernière maison de la rue de Rohan, qui forme l'angle à gauche de la rue Saint-Honoré. Cette maison est en saillie, et a vue sur la rue Richelieu, et flanquait par conséquent le Théâtre-Français. Dans le Palais-Royal, il y avait toujours un bataillon. Place Vendôme, rue de la Paix, le 5e et le 53e, comme nous l'avons dit. Trois bataillons de la garde bordaient la terrasse des Feuillans. Le 50e et le 5e, la terrasse du bord de l'eau. Des pièces d'artillerie placées sur cette terrasse battaient les avenues du Pont-Royal. Il y en avait aussi dans la rue de Rivoli et la rue Castiglione. Jusqu'à dix heures et demie les troupes restèrent dans cette position. Dans ce moment on fit sortir deux bataillons de la garde et le 15e léger, et on les établit sur la place Louis XV, faisant face aux Champs-Elysées; les rues Royale, de la Madeleine, St.-Honoré étaient occupées par deux bataillons de la garde et deux escadrons de grenadiers.

La cavalerie de la garde arrivée le matin (cinq escadrons de chasseurs) et des gendarmes gardaient les Champs-Elysées; l'Elysée-Bourbon avait son poste ordinaire.

Les Parisiens ne firent, dans la matinée, aucune tentative sérieuse; la chose n'était pas possible. Il fallait arriver à découvert pendant de longs espaces, et se présenter devant des positions qui ne pouvaient être enlevées par un coup de main, et difficilement par des combattans sans organisation. On tiraillait du côté des quais Malaquais et Voltaire, et de la rue du Bac. Ces combats étaient bien loin d'avoir la vivacité de ceux de la veille. Les rôles étaient changés. Les masses de Parisiens se portaient cependant vers les débouchés qui pouvaient conduire le plus à couvert vers les positions que nous venons de décrire. Les quartiers Saint-Germain-l'Auxerrois et Saint-Honoré en réunirent le plus.

La journée qui vit finir dans Paris le pouvoir de Charles X était loin de se présenter comme décisive. Des généraux dont le jugement et le coup-d'œil militaire ne peuvent être révoqués en doute, le virent ainsi. Nous pourrions en citer plusieurs; un seul suffit, le général Excelmans, qui vint à onze heures près du maréchal de Raguse offrir ses services pour la cause royale.

Un prince étranger qui habite Paris, et qui a combattu long-temps et avec distinction, fit la même démarche; et nous avons trop haute opinion de ces messieurs, pour penser un seul instant que tout autre sentiment que celui qu'ils exprimaient les ait conduits au milieu des troupes. Nous doutons même que dans la partie de la ville qui était abandonnée par elles, on fût bien rassuré non seulement à l'égard des évènemens de la journée, mais même pour la cause entière que le peuple de Paris avait embrassée avec tant de force. Ce mouvement était parti du cœur; les gens qui agissent ainsi, ne réfléchissent pas aux suites de leur entreprise.

A onze heures et demie environ, des pourparlers ayant eu lieu entre le peuple et l'officier qui commandait au palais Bourbon, il promit de rester neutre, et fit placer sa troupe dans l'angle rentrant du jardin du prince de Condé. Alors des barricades furent élevées sur la place du Palais, au coin de la rue de Bourgogne, près de la rue Bourbon, et dans la rue de Bourgogne, vis-à-vis la place. Des tirailleurs du peuple se placèrent dans la colonnade de la Chambre des députés et derrière les balustrades de la toiture du pavillon du prince de Condé, et commencèrent à tirer sur les troupes qui étaient sur la place Louis XV. Le 15e léger, qui était placé au bout du quai de la Conférence, se retira dans un des quinconces. Ce régiment avait eu, avant ce changement, près des parapets du pont, un de ses hommes blessé; mais bientôt le feu fut dirigé sur les troupes de la garde qui étaient en bataille sur la place : les inégalités du terrain mettaient cette troupe assez à l'abri. Cependant on crut devoir envoyer une section de voltigeurs pour débusquer les tirailleurs qui occupaient le palais. Elle s'y rendit en passant par la rue de Bourgogne, franchit la première barricade, et entra dans le palais; ceux qui l'avaient occupé s'esquivèrent par les différentes cours. Les voltigeurs eurent deux hommes blessés, et s'établirent dans la cour des députés : c'est alors que le capitaine qui les commandait apprit qu'il y avait un détachement de la ligne dans le jardin.

Pendant cette circonstance, assez peu importante en elle-même, mais qui montre le véritable esprit des troupes, les 5<sup>e</sup> et 53<sup>e</sup>, qui étaient à la place Vendôme, ôtèrent enfin leurs baïonnettes et mirent la crosse en l'air, et la réunion s'opéra avec le peuple. M. de Wall, qui les commandait, disparut au milieu de ce mouvement, dont le maréchal fut cependant assez promptement averti. Il ordonna qu'un bataillon suisse irait barrer la rue Castiglione, pour remédier à la défection de ces deux régimens; et par une de ces aberrations d'esprit difficile à concevoir, il fit chercher au loin un de ceux du Louvre, lorsqu'à côté du point où il voulait le porter il en avait deux de la garde, près du ministre de la marine, et qui y étaient tout à fait inutiles.

Le maréchal voyant enfin qu'il ne pouvait plus se fier à la ligne, jugea à propos de proposer une suspension d'armes. Cette proposition était portée, sur les différens points que les troupes occupaient, par des officiers d'état-major et des commissaires de police, qui avaient repris leurs écharpes; mais rien n'était communiqué aux généraux ni aux chefs de corps.

Si de notre côté rien ne se faisait avec ordre, il ne pouvait guère y en avoir de celui du peuple. Cependant, on cessa de tirer sur quelques points du Palais-Royal, tandis que les troupes qui occupaient les environs de la place Louis XV ignoraient tout à fait ce qui se passait sur leurs derrières; car nous devons rappeler que, par une disposition assez singulière, ces troupes étaient placées en face des Champs-Elysées, vis-à-vis la cavalerie, dont le front était dirigé vers la place.

Mais revenons au Louvre. Le maréchal avait donc envoyé chercher un des bataillons suisses qui étaient sous les ordres du même officier qui avait si singulièrement manœuvré la veille pour se porter du Carrousel à la place des Innocens, et qui mit à la disposition du maréchal celui de ses bataillons qui précisément défendait la position, puisqu'il garnissait la colonnade et les fenêtres des Musées, dont toutes les communications intérieures avaient été ouvertes. Il resta avec l'autre dans la cour.

Quand les Parisiens virent qu'on ne tirait plus des fenêtres du Louvre ni des Musées, soit que la suspension d'armes ne leur eût pas été proposée, ce que nous croyons cependant sans pouvoir l'assurer, ou soit qu'elle n'eût pas été maintenue, ils se rapprochèrent des murs; et rien ne s'y opposant, ils s'y furent bientôt introduits par les fausses portes qui conduisent du jardin de l'Infante dans l'intérieur. Ils garnirent les fenêtres de la cour intérieure du Louvre, et firent feu sur le bataillon : d'autres coururent au Musée de peinture, et furent bientôt à même de tirer sur la place du Carrousel. La nouvelle de la défection des régimens de la ligne, peut-être aussi les souvenirs du 10 août, joints à cette apparition des Parisiens au-dessus de leurs têtes, agirent activement sur l'imagination des officiers et soldats suisses : ils quittèrent le Louvre, après avoir vainement essayé de faire accepter la suspension d'armes, et leur mouvement pour se retirer sur les Tuileries s'exécuta sans ordre. Arrivés sur la place du Carrousel, ils trouvèrent leur troisième bataillon qui depuis quelque temps était en présence des postes de Parisiens qui en garnissaient les avenues, mais où la suspension d'armes était observée. Le bataillon qui arrivait par la rue du Carrousel était suivi par des Parisiens qui le poursuivaient à coups de fusil; ceux qui étaient déjà aux fenêtres du Musée, près du pavillon de Flore, commencèrent à tirer aussi sur les lanciers qui étaient dans la cour : cet exemple fut suivi par la portion de Parisiens qui observait la suspension d'armes.

Ce sont très-souvent des momens comme ceux-là, où le danger est minime, qui déterminent les déroutes ; mais un homme de tête, convenablement placé, les arrête avec un commandement fait à propos, ou en y remédiant par quelque disposition improvisée : un tel homme manqua ce jour-là ! Les Suisses se précipitèrent par l'arc de triomphe ; ils s'y pressèrent, et poussèrent les lanciers, qui, ayant gagné le passage sous l'horloge qui conduit au jardin, leur obstruèrent cette issue, et force fut alors aux Suisses de faire un peu volte-face. Enfin, ces deux défilés furent franchis dans le plus grand désordre. Deux pelotons convenablement commandés, auraient suffi pour arrêter ce mouvement singulier, et auraient contenu sur ce point les Parisiens, qui n'étaient ni en ordre ni en nombre. La perte des Suisses, dans cette échauffourée, ne fut que de trois ou quatre hommes tués ou blessés.

Le maréchal, qui réellement ne pouvait s'attendre à cette bagarre, fut obligé de quitter précipitamment le quartier-général, où l'on dit que 120,000 fr., renfermés dans des sacs, furent abandonnés : il se retira par la rue de Rivoli, et rentra dans le jardin des Tuileries. Deux coups de canon, tirés de la terrasse du bord de l'eau, continrent ceux qui poursuivaient les Suisses; les bataillons se reformèrent dans le jardin. Le maréchal ordonna de l'évacuer, et de se retirer sur Saint-Cloud.

Revenons aux troupes de la place Louis XV. A la nouvelle de la défection des 5e et 53e, qui y fut apportée par des soldats de ces régimens, on avait fait retirer les voltigeurs du palais Bourbon (1); les troupes rompirent leurs faisceaux, et se tinrent prêtes à tout évènement. Différens bruits circulaient : *la paix était faite, le maréchal avait abandonné le commandement, le dauphin arrivait*, etc. Peu d'instans après, des voitures du service des écuries, avec un fourgon, traversèrent la place, venant du jardin : c'étaient les ministres et l'inspecteur du trésor de la liste civile, qui gagnaient Saint-Cloud.

Les premières troupes qui sortirent du jardin se di-

(1) L'officier de santé qui avait été appelé pour panser les deux blessés, y fut oublié. Revenu à la place Louis XV avec un blessé qui pouvait se soutenir, ils gagnèrent un des jardins qui bordent les Champs-Elysées, et furent demander un refuge au propriétaire de l'hôtel, qui se présenta à eux en robe de chambre, les garda chez lui, et leur fournit les moyens d'en sortir déguisés. Ils ignoraient d'abord chez qui le hasard les avait conduits, mais ils eurent lieu de se féliciter de leur bonne fortune, quand le général Sébastiani, en se nommant, leur eut promis sa sauve-garde.

rigèrent sur les Champs-Elysées; celles qui étaient sur la place se mirent en mouvement sur cette direction. Les Parisiens qui s'étaient glissés le long des Champs-Elysées, essayèrent de tirailler sur les colonnes; mais une compagnie de voltigeurs placés en flanqueurs du côté des jardins les fit taire. La cavalerie gagna l'avenue de Neuilly, et s'y forma. Les bataillons de la garde venus des rues Saint-Honoré et de la Paix formèrent l'arrière-garde. Le 15<sup>e</sup> léger et un bataillon du 50<sup>e</sup> suivirent, entremêlés avec la garde. Cette partie des troupes fut dirigée sur les barrières de Passy et de Chaillot, les autres sur celle de Neuilly (l'Etoile). Deux pièces de canon et deux pelotons de la garde restèrent à la hauteur de la rue des Vignes, pour protéger le passage de tout ce qui se retirait par la rue de Chaillot; du reste, il est facile de concevoir que les Parisiens n'étaient pas en mesure de troubler sérieusement la retraite des troupes. Les habitans de Chaillot et de Passy voulurent disputer le passage des barrières. Le colonel du 15<sup>e</sup> léger s'avança avec son mouchoir à la main pour leur parler; ceux-ci le laissèrent avancer et passer; mais la tête de son régiment arrivant avec confiance d'après sa démarche, fut assaillie par une décharge faite des rampes qui dominent le pont d'Iéna. Un capitaine de carabiniers fut tué, deux officiers et une dixaine de soldats blessés; mais une autre partie des troupes qui quittaient Paris arrivait par les rue des Batailles et de Longchamp pour gagner cette barrière; elles firent lâcher prise aux habitans de Chaillot. Un capitaine de la garde fut également tué par un jeune homme qu'il avait voulu ménager (1), près de la nouvelle barrière.

On voulait, à ce qu'il paraît, diriger la cavalerie et une partie des troupes par le pont de Neuilly, mais les habitans de ce village et ceux de Courbevoie, qui s'étaient levés après le départ du dépôt du 4e régiment, avaient barricadé ce pont. La cavalerie passa à la porte Maillot. Dans ce moment aussi arrivèrent par la route de la Révolte les batteries de la garde qui étaient à Vincennes; elles avaient tourné Paris. Les troupes d'infanterie et l'artillerie, qui étaient sorties par la

---

(1) Le capitaine Lemoiteux. Cet officier avait donné sa démission dès l'apparition des ordonnances, et quitté de suite son régiment; mais il y rentra le 28, voulant encore, malgré ses opinions, partager les dangers de ses camarades. Il confirma ce qu'un des grands caractères et des grands talens de notre époque avait si bien exprimé pour un autre Waterloo : *Que dirait-on de moi à mon régiment?*

barrière de Neuilly, suivirent la nouvelle route dite de *Charles X*.

On a vu que le maréchal, dès que la défection de la ligne lui fut connue, songea à évacuer Paris. Il est fâcheux alors qu'on ne lui ait pas rendu un compte exact des dispositions de ces troupes depuis la veille; il n'y avait pas à s'y tromper.

En faisant sa retraite plus tôt, il ne compromettait pas le moral des régimens, qui n'étaient pas ébranlés, tandis que le mouvement, tel qu'il s'opéra, les humilia. Ils pensèrent bien qu'ils supporteraient leur part du blâme, que les fausses mesures du maréchal Marmont et l'inexpérience de l'officier suisse qui commandait au Louvre méritent seules.

L'accident du Louvre, en précipitant l'évacuation de Paris, fit perdre les communications de la Banque, du Palais-Royal et des maisons de la rue de Rohan et de l'Echelle, où on avait placé quelques soldats. La caserne Babylone, l'Ecole-Militaire, les Ecuries du Roi, où l'on avait assez mal à propos armé les pages et les gens de service, et le poste de l'Elysée-Bourbon, ne furent pas prévenus de la retraite des troupes. Le bataillon de l'Ecole-Militaire parvint cependant à gagner le pont de Grenelle, en passant par la barrière Desaix. Le major suisse, à Babylone (1), ne voulut écouter aucune proposition. Voyant que la caserne allait être incendiée, il périt dans la sortie, qui réussit à une partie de son détachement de recrues, lequel rejoignit le régiment à Saint-Cloud.

La poignée de soldats de la garde qui occupait les deux maisons de la rue Saint-Honoré, s'y défendit long-temps après que Paris eut été évacué; quelques-uns furent massacrés après avoir déposé les armes : le courage dont ils avaient tous fait preuve aurait dû les préserver d'un pareil sort.

Les gens de service du Palais-Royal et les employés de la Banque suivirent les détachemens qui avaient été abandonnés dans ces édifices. C'est après l'entière évacuation de Paris et la prise des postes abandonnés par le maréchal, quand tout fut fini, en un mot, que la commission provisoire municipale fut organisée à l'Hôtel-de-Ville, qui avait été paisiblement occupé à la pointe du jour par le peuple.

---

(1) M. Dufey. Il servait en France depuis vingt-huit ou trente ans, et avait fait les campagnes d'Italie, des Calabres et de Russie.

Les troupes de la garde qui avaient suivi la route Charles X, ou pris par la porte Maillot, traversèrent le bois; les deux colonnes se réunirent au rond-point de la porte du village de Boulogne : elles y rencontrèrent le dauphin, accompagné par deux de ses aides-de-camp, les ducs de Guiche et de Lévis, les seuls, pendant ces évènemens, qui ne l'aient pas quitté. Les troupes se formèrent pour recevoir le prince. On croyait qu'il allait à Paris. Cette démarche paraissait tardive, mais naturelle : cependant, après avoir parcouru rapidement le front des bataillons et des escadrons, le prince rentra à Saint-Cloud. Après cette revue, les troupes continuèrent leur route sur ce même endroit.

Il paraît qu'on avait été à la cour dans une illusion complète, ou affectée, jusqu'au 28 soir fort tard. Le Roi, néanmoins, avait commencé à concevoir quelques inquiétudes dans l'après-dînée. Trente-huit personnes avaient été admises à la table des premiers officiers, chez M. de Cossé : la plupart de celles qui dînaient là pouvaient, par leurs fonctions et leur rang à la cour, assister au jeu du Roi, qui fit encore ce soir sa partie habituelle; et Charles X ne put cependant trouver un de ces courtisans qui voulût bien se charger de la mission d'aller explorer Paris ! Après avoir éprouvé plusieurs refus évasifs, il rentra dans ses appartemens, et fit appeler un officier de son fils, qui s'en chargea de suite, et vint lui faire son rapport dans la nuit. Cet officier, qui put voir toute la vérité, puisqu'alors le mouvement du peuple n'était plus équivoque, dut juger aussi des dispositions des troupes de ligne. La loyauté de caractère de cet envoyé, qui ne peut être contestée, nous donne l'assurance qu'il ne cacha rien de ce qu'il avait vu ; mais les seules dispositions que provoqua ce rapport furent la réunion, pour le 29, des quatre compagnies de gardes-du-corps à Saint-Cloud, du bataillon des élèves de Saint-Cyr avec leur batterie d'école, qu'on fit venir de Courbevoie. Ces troupes furent rendues à la pointe du jour. On détermina les capitaines des gardes présens à faire placer deux escadrons à Sèvres, pour éclairer les deux rives de la Seine ; les élèves fournirent aussi quatre pièces au pont de Sèvres ; les gardes firent des patrouilles sur les routes de Grenelle, du bois de Boulogne, de Versailles, où des rassemblemens commençaient à se former : du reste, aucune prévision pour faire vivre ces troupes et celles qui pouvaient être appelées encore. Le *premier chambellan de service* donna cependant quelques ordres à cet égard aux maires de Versailles et de Sèvres, mais ils ne furent suivis d'aucune exécution.

L'arrivée de la garde, l'évacuation complète de Paris ne produisirent pas des mesures plus actives : on ne s'occupa point des lignes télégraphiques, qu'il était si aisé de rompre, et qui allaient porter dans toute la France, avec la rapidité de la pensée, la nouvelle d'évènemens inouis, et transmettre de même les actes du gouvernement provisoire; les routes furent laissées libres; courriers, voyageurs, malles-postes, tout passa librement. Quelques escadrons convenablement placés, auraient suffi pour intercepter la communication, ou du moins la rendre incertaine; mais c'en était fait : le 29, à cinq heures, toute l'action du gouvernement de Charles X fut bornée à l'enceinte du parc de Saint-Cloud; aucune mesure, aucunes dispositions pour atténuer, s'il était possible encore, l'effet qu'allait produire sur les départemens la correspondance à laquelle on laissait un libre cours. On donnait quelques ordres pour faire arriver des troupes, et l'on agglomérait dans un parc de chasse celles qu'on avait : ces ordres furent interceptés. Le croirait-on? c'est par la voie ordinaire de Paris qu'on les expédiait!

Le dénuement des troupes qui sortaient de Paris après trois jours de combats, et le désordre de leur tenue, ne produisirent d'abord sur les courtisans que l'étonnement qu'avec un peu plus de quatre hommes et un caporal, qui, lorsque l'autorité était respectée, suffisaient pour la police, on ne pût venir à bout de deux cent mille individus qui se croyaient aujourd'hui en droit de détester et de combattre cette autorité jusque-là si bien obéie.

Il s'en fallait beaucoup que, dans les temps ordinaires, les rapports de la garde avec les courtisans fussent bienveillans! En ce moment, ceux qui descendirent du château, pour voir les troupes qui arrivaient, furent accueillis plus que froidement. Dans la soirée, les chaises de poste, les voitures particulières commencèrent à vider les antichambres du Roi et des princes; le jour suivant, le service pour le cortége de la messe fut bien incomplet; et peu d'heures après, la cour fut presque déserte.

Les troupes de toutes les armes furent provisoirement établies dans les grandes allées du parc inférieur ; de là, on les envoya occuper différentes positions. On leur dit qu'elles ne pouvaient recevoir ce jour-là qu'une ration de vin et une de pain, et on ne put encore les leur procurer. On annonça aussi que MM. de Semonville, de Vitrolles, et le comte de Girardin, premier veneur, étaient partis pour Paris, chargés de pleins-pouvoirs : le nom du troisième plénipotentiaire semblait là une mauvaise plaisanterie. Il était très-connu des soldats, qui le voyaient dans les grandes chasses, où il dirigeait les évolutions des traqueurs ; service payé par la maison du Roi, que les soldats de la garde étaient appelés à faire quelquefois : ils avaient surnommé M. de Girardin, qui du reste était aussi lieutenant-général de cavalerie, *le général des lapins*. M. de Girardin eut peut-être une autre mission, que l'on confondit avec celle des deux premiers ; car ce furent MM. de Semonville, de Vitrolles, et M. d'Argout, dont on ne parlait pas, qui allèrent faire des propositions à l'Hôtel-de-Ville.

Pendant cette halte, les gardes du parc, fidèles à l'étiquette des contre-allées et des pièces vertes, vinrent se plaindre aux chefs de corps de ce que leurs troupes ne *respectaient pas les gazons*.

A sept heures, les régimens de la garde prirent les positions qui leur étaient assignées. Trois bataillons et trois pièces de canon occupèrent le bas et le pont de Sèvres; trois autres, les bois de la Garenne et la manufacture de porcelaine; cinq bataillons restèrent à Saint-Cloud, gardant le parc et observant la route de Boulogne et de Surène; le 50e (environ un bataillon) fut placé à Ville-d'Avray; le 5e léger observa la route de Villeneuve. L'artillerie fut parquée dans les grandes allées, entre Saint-Cloud et Sèvres. Le régiment des lanciers fut placé dans la grande allée du parc supérieur; celui des chasseurs aussi dans les allées du parc.

Les deux régimens de grenadiers à cheval, les deux cent cinquante hommes du dépôt du 4e régiment d'infanterie de la garde qui était venu à Saint-Cloud de Courbevoie le 27 (ce régiment était à Caen), une batterie d'artillerie, et les débris de la gendarmerie à pied et à cheval de Paris (1), sous les ordres d'un

(1) Du reste, la gendarmerie avait perdu fort peu de monde en tués

lieutenant-général de cavaleric de la garde, furent dirigés sur Versailles, où des rassemblemens nombreux s'étaient formés. Arrivés près de Versailles, ces troupes bivouaquèrent. Le général convint avec le commandant de la garde nationale et un des adjoints, qu'ils n'entreraient que le lendemain matin dans la ville, pour éviter les désordres qui pourraient survenir dans la nuit de la part d'une quantité d'individus que la garde nationale voulait avoir le temps d'écarter de ses rangs.

A la pointe du jour les grilles furent ouvertes, la garde nationale céda ses postes à mesure que les troupes entraient; elle se réserva seulement celui de la mairie. Les troupes de la garde se rendirent dans leur caserne. La tranquillité ne fut nullement troublée. La garde nationale et la garde royale y veillèrent concurremment. La garde nationale et les bourgeois continuèrent à porter les couleurs nationales, qu'ils avaient prises la veille.

---

ou blessés. Sa perte en ce genre ne fut peut-être pas de dix hommes pendant les trois journées des 27, 28 et 29 juillet

Les lanciers et les cuirassiers eurent des blessés, mais nous ne croyons pas que les premiers aient eu un seul homme tué. Les cuirassiers en eurent un très-petit nombre, mais perdirent quelques chevaux.

A Saint-Cloud, les généraux présens, ceux qui avaient dirigé les troupes dans Paris, furent rendus à leur commandement respectif.

Si nous devions considérer la position de Sèvres et Saint-Cloud sous le rapport militaire, nous dirions qu'elle est des plus mauvaises. Ce rideau de hauteurs boisées, n'est traversé que par une route qui est un long défilé de villages, de parcs et de bois; les autres chemins ne sont pas des communications raisonnablement praticables pour des mouvemens de troupes.

La vallée de Sèvres serait le tombeau ou les Fourches caudines d'une armée qui voudrait de là observer Paris. En 1815, l'armée alliée en eût fait la cruelle expérience, si Fouché, par son traité, n'eût réparé la faute de Wellington : déjà l'armée française allait déboucher par Châtillon et Velési sur Chaville et Viroflai.

Mais, sous le rapport politique, où l'on occupa ces villages en 1830, la position n'était pas meilleure. Les deux ponts gardés, celui de Neuilly repris, il restait la route d'Issy et les bois de Meudon, où il était difficile d'exercer une surveillance exacte, ce qui, du reste, ne fut pas tenté. Il était même défendu d'intercepter la communication des routes par où passait une partie de l'approvisionnement de la capitale, devant des troupes qui manquaient de tout.

Dans une guerre ordinaire, où l'imprévoyance de l'administration a pu se faire sentir, ou dans des circonstances indépendantes de toutes les prévisions, comme la poursuite rapide d'une armée battue, une retraite, etc., les troupes ont recours à la maraude, qui, quelquefois, organisée par les généraux, a été le seul moyen de les faire vivre, mais n'en a pas moins été toujours funeste à la discipline; dans les circonstances où nous nous trouvions, ce moyen n'eût pas été praticable, et même, loin d'être obligé de l'empêcher, on n'aurait pu y décider les soldats; mais espérant se procurer des vivres, ceux qui avaient touché leur solde (car dans quelques corps et fractions de corps, elle n'avait pu être acquittée exactement) se répandirent dans les villages après les rangs rompus, pour en acheter : de là, de l'inexactitude dans le service, et un commencement de désorganisation. D'ailleurs, cette ressource fut bientôt épuisée à Sèvres, à Saint-Cloud et dans les environs, où, à prix d'argent, on ne pouvait trouver du pain; soit malveillance, soit qu'il manquât réellement.

Les troupes de la garde étaient sorties à la hâte de leurs casernes, et dans différentes tenues, comme pour un service momentané; et n'y étant plus rentrés, les soldats n'étaient munis d'aucun des ustensiles nécessaires pour s'approprier ou réparer leur vêtement et équipement, qui avaient nécessairement souffert beaucoup pendant trois jours passés dans les rues. Indépendamment des incommodités qui en résultaient, la mauvaise tenue des troupes a un effet moral non moins incontestable.

Voilà donc dans quelle situation ces troupes arrivèrent dans les positions de Saint-Cloud, et nous devons ajouter que les officiers et les soldats, quels que fussent du reste leurs sentimens particuliers sur les actes du gouvernement, étaient humiliés qu'on eût, par des manœuvres d'une inconcevable folie, compromis l'honneur de leurs armes. Il faut le dire encore, le petit nombre de ceux qui s'étaient montrés partisans des ministres, tombèrent dans un tel découragement dès les premiers jours, et se montrèrent tellement pusillanimes, que leur position vis-à-vis leurs camarades ne fut plus tenable, et plusieurs même s'en séparèrent.

Le 30 juillet, l'ordre du jour suivant fut lu aux troupes :

« Le major-général de service prévient MM. les « généraux et chefs de corps sous ses ordres, que le « Roi a donné le commandement général des troupes « à Son Altesse Royale M. le dauphin.

« Sa Majesté a chargé le major-général de témoi- « gner aux troupes sa satisfaction de leur conduite; « elle n'attendait pas moins de leur bravoure et de « leur dévouement. »

Les communications n'étant pas interceptées, beaucoup d'individus de Paris venaient soit pour voir leurs connaissances dans les troupes, soit avec la mission secrète d'observer, ou de les engager à rentrer dans Paris. Rien ne fut négligé à cet égard; argent, promesses d'avancement, et un moyen quelquefois plus efficace encore, les femmes. Des vêtemens bourgeois étaient apportés aux soldats qui se laissaient séduire. Des proclamations manuscrites, imprimées, les actes de la commune de Paris furent colportés presqu'aussi facilement que dans les rues de la capitale.

Le zèle seul de quelques officiers et sous-officiers fit éloigner quelques-uns de ces envoyés, et rendit les autres plus circonspects; mais les généraux ne donnèrent eux-mêmes et ne reçurent aucun ordre à cet égard de l'état-major-général. Aussi, quelques désertions eurent lieu, mais en petit nombre : ce fut naturellement les plus mauvais sujets des corps qui prirent ce parti, comme cela arrive toujours.

Mais si les moyens tentés pour entraîner les soldats loin de leurs drapeaux ne réussissaient pas, l'insouciance des généraux à cet égard les inquiéta beaucoup. Il vint à Saint-Cloud des officiers qui étaient chargés par leurs chefs de s'en plaindre à l'état-major-général; on leur demanda à quel état-major ils voulaient parler, parce qu'il y en avait deux, celui du dauphin et celui du maréchal. Ils s'en retournèrent encore plus mécontens qu'ils n'étaient venus.

Ces deux commandemens, en quelque sorte parallèles, du prince, général en chef, et du maréchal Marmont, major-général de service, ne faisaient que rendre moins immédiate l'action du commandement, et auraient retardé l'exécution des ordres, si on en avait donné.

Le château de Saint-Cloud ne présentait, vers le soir, que des visages tristes et mornes; l'étiquette commençait à y déchoir : malgré la prétendue nomination de M. de Mortemart, M. de Polignac s'y montrait encore en habit de ministre ; ses frères, en grande tenue, promenaient leur inquiétude au milieu de quelques officiers de service ou curieux venus des bivouacs. Du reste, on ne voyait pas que la cour eût pris un parti qui fût en rapport avec les circonstances. On n'ignorait pas qu'un gouvernement provisoire s'était organisé à Paris : on y annonçait la prochaine arrivée du duc d'Orléans. On comprenait bien dès lors que Charles X ne pouvait maintenir sa dynastie qu'en abdiquant. Ceux qui espéraient le plus, comptaient sur une régence avec le duc de Bordeaux ; on donnait cependant à entendre que le dauphin serait roi à la place de son père.

Sur ces entrefaites, le 50e régiment, qui occupait Ville-d'Avray, abandonna ses armes aux faisceaux, et se dirigea par derrière Meudon, afin d'éviter les postes de la garde, pour se rendre à Paris. Le colonel excepté, qui se saisit de son drapeau, avec un sous-lieutenant et douze ou quinze soldats qui restèrent avec lui, les officiers suivirent leur troupe. On fit les honneurs de cette défection à un sergent-major; il est plus probable que ce furent deux capitaines de ce régiment, arrivés de Paris déguisés, et qu'on vit à Saint-Cloud et à Sèvres, qui déterminèrent le départ de ce corps. Un de ces officiers avait été aussi remarqué, le 28, à l'Hôtel-de-Ville, à Paris, où il était venu en bourgeois, sous prétexte d'avoir des nouvelles de son colonel, mais très-probablement dans un autre but.

Vers la fin de la soirée, les troupes de Sèvres étaient très-inquiètes; elles étaient les plus travaillées, à cause de la communication de Paris à Versailles, et de Vaugirard, par Issy, à Sèvres, et par des individus détachés des rassemblemens qui se formaient à Meudon, Bellevue, etc. C'est là encore qu'étaient les bataillons qui avaient été si fortement engagés dans Paris, et les Suisses, peu remis de leur aventure du Louvre.

A la nuit, un des aides-majors-généraux envoya un ordre du jour, espèce de proclamation : on y faisait entendre que tout était terminé; que les ordonnances étaient rapportées, les ministres changés, etc.

Cet ordre du duc de Raguse n'avait pas été soumis

au Roi, non plus qu'au dauphin, commandant en chef les troupes : ce dernier en fut fort piqué. Tel est le véritable motif des arrêts du maréchal, qu'on a voulu attribuer à d'autres causes.

Les formes que le prince mit à les infliger, se ressentaient peut-être aussi du mécontentement qu'on éprouvait de la conduite du duc de Raguse pendant les affaires de Paris.

Cet ordre n'était au reste que la proposition que MM. de Sémonville, d'Argoult et de Vitrolles avaient été faire verbalement à Paris, et qui avait été ajournée par MM. Mauguin, de Schonen, etc., d'une manière équivalente à un refus; renouvelée le 30 par M. de Mortemart, elle n'avait pas mieux été accueillie,

Ainsi, lire cela aux troupes était une déception d'autant plus sotte, qu'une heure après on ordonna de barricader les ponts et de se tenir sur ses gardes, en avertissant que les avant-postes pourraient bien être inquiétés.

Les soldats accueillirent la lecture de cet ordre du jour par les cris de *vive le roi!* Ils déchargèrent et nettoyèrent leurs armes; les apprêts de la soupe, la confection d'abris pour la nuit (car enfin on ne respecta plus les charmilles) les occupèrent pendant le reste de la soirée : leur gaieté revint.

Un changement si prompt dans leur humeur était un indice non équivoque de leurs dispositions.

Les liens de l'obéissance n'étaient pas rompus, mais la discipline était relâchée ; nous en avons déduit les causes. Dans la cavalerie et l'artillerie, le soldat était plus occupé ; ces causes avaient moins agi.

En général, si l'organisation des corps n'avait pas souffert d'une manière irréparable, la confiance était totalement perdue : la cour, l'état-major général avaient tout fait pour cela, et ne se donnaient aucun soin pour le réparer.

On voyait encore à Saint-Cloud M. de Polignac ; il était près du Roi, malgré la proclamation qui était la condamnation évidente du fatal système de ce ministre : sa présence donnait donc une forte teinte de fausseté aux arrangemens qu'on venait de publier.

Si toute direction, si toute impulsion avaient manqué à Paris pendant les combats, on ne les retrouvait pas davantage à Saint-Cloud. Quatre généraux commandaient les troupes, qu'ils connaissaient peu, quoique depuis plusieurs années ils en fussent nominativement les inspecteurs d'armes : le dauphin avait passé devant quelques bataillons ; mais quand un souverain n'a plus qu'un camp pour royaume, il faut qu'il connaisse la langue de ses sujets, qu'il soit soldat lui-même. Charles XII, Henri IV avaient été réduits à cette extrémité ; mais combien l'histoire offre-t-elle d'exemples de ce genre ?

Il y avait certainement à Saint-Cloud des généraux, notamment ceux qui avaient conduit les troupes dans Paris, dont les capacités, l'énergie et l'influence auraient pu être très-utiles ; mais ils n'étaient pas en position de remédier au mal.

Du reste, les troupes de la garde en masse pensaient que si elles avaient dû résister à une émeute populaire dont rien, dans les premiers momens et pendant que le combat était engagé, ne leur démontrait le motif ou le but, leur devoir n'était pas terminé aux barrières de Paris ; qu'une honte éternelle atteindrait ceux qui, par leur abandon, pourraient être la cause d'une insulte ou de quelque plus grand attentat encore envers la personne du Roi et des princes : elles étaient décidées à accomplir toutes leurs obligations. Cette résolution ne pouvait être commandée ; c'était le résultat d'un sentiment individuel, et ceux qui y manquèrent auraient été désignés d'avance par leurs camarades : c'étaient des hommes sans moralité, sans conduite.

Ce qui ne put étonner que les courtisans, ce fut de voir les officiers qu'on avait cherché à perdre, à cause de leurs opinions constitutionnelles, être toujours, dans cette occasion, au-dessus des circonstances ; ils suppléèrent quelques chefs insuffisans : enfin, ils firent tout ce qui dépendait d'eux pour maintenir les principes militaires, dont ils restèrent pénétrés au milieu de cette dissolution générale.

Le 31, à l'aube du jour, les gens de service au château traversèrent le bivouac avec leur famille éplorée, demandant à passer le pont de Sèvres ; ils disaient qu'on les avait congédiés, que le roi était parti à trois heures et demie du matin, et qu'on ne savait pas où il se dirigeait.

Cette nouvelle, qui se répandit assez promptement, agit sur l'esprit des soldats ; ils se calmèrent quand ils furent convaincus que le dauphin était resté, et quand ils le virent lui-même venir visiter les positions qu'ils occupaient. Nous pensons que les intentions de ce prince étaient de rester à Saint-Cloud jusqu'à deux heures.

Les malless-poste de la Bretagne arrivèrent à Sèvres entre cinq et six heures du matin; on les fit rétrograder, la communication devant être interceptée jusqu'au départ des troupes. Celle de Nantes contenait un officier qui insista beaucoup pour pouvoir se rendre à Paris. Il fit voir une passe du général qui commandait à Versailles; il disait aussi être chargé par ce général d'une lettre de la plus grande importance, et qu'il devait lui-même remettre à Paris. Comme ce général ne pouvait point de Versailles donner des ordres à Sèvres et à Saint-Cloud, où était encore le grand quartier-général, ce colonel n'obtint point le passage. Si, comme le confirmèrent les journaux, ce message pour Paris n'était relatif qu'aux intérêts que s'y ménageait le général, cette circonstance de la lettre n'aurait pas été trop mal interprétée par les soldats, puisque tous crurent que ce général, qui fut même plus loin investi du commandement de toute la garde, avait fait son adhésion au gouvernement provisoire dès le 30 juillet.

Pendant la matinée, les hauteurs qui dominent Sèvres, les jardins, les terrasses de Bellevue et la route d'Issy, commencèrent à se garnir d'hommes du peuple en armes. Ils se mirent à tirer sur le poste de la garde qui occupait la route d'Issy. La garde fut très-long-temps sans y répondre; ils s'approchèrent alors davantage, et un soldat de ce poste fut blessé. Mais après quelques coups de fusils du poste, le feu cessa de part et d'autre.

Les avenues des ponts de Saint-Cloud et de Sèvres étaient gardées par de l'infanterie et de l'artillerie; on ne pouvait certainement avoir aucune inquiétude pour ces passages de la rivière, et quoique la route de Sèvres à Versailles fût déjà observée par les rassemblemens dont nous venons de parler, on n'avait rien à craindre non plus pour la communication avec cette ville; il restait, si on ne voulait pas être obligé de débarrasser cette route de quelques tirailleurs, le chemin de Saint-Cloud à Ville-d'Avray, qui suffisait dans cette circonstance.

Tel était l'état des choses; on commençait à faire les apprêts du mouvement sur Versailles, lorqu'une partie des troupes de Parisiens qui avaient couché au pont de Grenelle parut sur les routes du Point-du-Jour au pont de Saint-Cloud. Ils se réunirent à Boulogne avec les habitans de ce village, et une autre partie sur la route du Point-du-Jour au pont de Sèvres. Il en arrivait en même temps d'autres de Vaugirard qui renforcèrent le rassemblement de Bellevue.

Dans ce moment, le capitaine qui commandait à l'avant du pont de Sèvres, qui le matin avait paru avoir des craintes pour la sûreté de son poste, craintes qui n'avaient pu être partagées par les chefs, abandonna cette position avec une partie de ses soldats (1), et se dirigea au-devant des Parisiens. Cette défection entraîna une pièce de canon, laquelle fut amenée par un maréchal-des-logis d'artillerie (2).

La défection du capitaine et d'une partie des hom-

---

(1) Dans le rapport de cet évènement pénible pour le corps auquel appartenait ce détachement et l'officier, on indiquait que ce capitaine était Suisse, mais qu'il servait dans un corps français, parce que son canton avait fait partie autrefois du territoire de la France.

(2) Nous avons entendu parler des pièces prises à la garde pendant les évènemens de Paris. D'après les rapports de l'artillerie, il n'y aurait que cette pièce de perdue; car on ne peut compter non plus comme pièce prise un canon de 16 pour l'instruction, qui fut laissé à l'Ecole-Militaire. D'ailleurs, cette pièce n'était pas approvisionnée.

mes qu'il commandait dans une partie aussi essentielle, à l'instant où les Parisiens y arrivaient, pouvait engager une affaire, et on voulait l'éviter.

Les troupes de Sèvres et Saint-Cloud ayant commencé leur mouvement sur Versailles, on avait à craindre que l'arrivée des déserteurs et de la pièce de canon ne donnât une fausse opinion de la résolution du reste aux Parisiens, qui ne manquèrent pas de faire retourner la pièce vers le pont.

On fit porter un bataillon en masse sur ce pont avec deux pièces, et on envoya dire aux Parisiens que la garde ne tirerait que si elle était attaquée. Ils convinrent de ne commettre aucune hostilité jusqu'à l'évacuation de St-Cloud et de Sèvres, qui s'effectuait. Alors les bataillons continuèrent leur mouvement; et, précédés de l'artillerie, rentrèrent dans le parc par l'avenue de Breteuil.

On avait laissé un bataillon suisse et un détachement de lanciers près la grille de Breteuil pour faire l'arrière-garde. Quelques minutes après que la garde fut rentrée dans le parc, le peuple de Sèvres, augmenté d'étrangers qui s'y étaient introduits et qui regardaient défiler les troupes, se rapprocha des Suisses, et les entoura. Ceux-ci, enveloppés par la foule, qu'ils n'avaient pas eu la précaution d'écarter, perdirent la tête; une partie jeta ses armes et chercha à fuir; les lanciers se mirent au trot pour les dégager, et poussèrent cette charge jusque sur la place; la foule s'écarta. Il y eut quelques coups de fusils tirés par le peuple, et le lieutenant-colonel des cuirassiers fut blessé.

Mais peu de Suisses se rallièrent; les officiers eux-mêmes ne le tentèrent pas; il rentra cependant dans le parc une soixantaine de soldats et de sous-officiers avec le chef de ce bataillon, et le reste se dispersa.

Cette troupe était tout à fait démoralisée par la fuite du Louvre, tant il est vrai que la valeur des soldats dépend souvent de ceux qui les commandent; on avait vu, le même jour du 29 juillet, une poignée de recrues de cette nation se faire jour sous les ordres d'un brave et vieil officier, et sortir d'une porte incendiée par laquelle les Parisiens voulaient entrer dans leur caserne.

L'humanité autant que la raison prescrivaient de ne plus avoir de combats, mais on voit que toutes les précautions qu'on avait prises pour cela furent au moment d'échouer.

La retraite de Saint-Cloud s'effectua sans accident. On fit passer les fourgons de la cour et l'artillerie par Ville-d'Avray, que les troupes suivirent aussi. Une compagnie de voltigeurs contint les Parisiens pendant le temps que les voitures mirent à monter la côte.

La garde traversa Versailles, où le drapeau tricolore était arboré, et la garde nationale faisait le service conjointement avec la garde royale, comme nous l'avons dit. Les troupes arrivèrent de Saint-Cloud et de Sèvres, prirent position dans le parc de Trianon. Le 4e régiment, qui arrivait de Caen par Saint-Germain, fut rangé sur la place royale.

Le général qui commandait à Versailles fit dire aux postes fournis par le dépôt de ce régiment de rentrer à leur corps; soit que cet ordre ait été mal transmis, soit qu'il fût mal conçu, on ne prescrivait pas à la garde d'attendre d'être relevée par la garde nationale, qui de son côté ne reçut aucun ordre à cet égard, de manière que la grille de l'avenue de Paris restait sans garde. Une certaine quantité d'individus de Sèvres et des environs mêlés à des Parisiens, tout cela sans chef, s'y présentèrent et s'y établirent; de là ils se disposaient à entrer dans Versailles. On en fut prevenu; les troupes de la place royale prirent les armes; le général se porta à l'avenue de Paris; ceux qui s'y étaient établis firent mine de l'attaquer, mais un officier s'avança, et parvint à leur faire entendre qu'il y aurait plus que de la folie à eux de vouloir passer outre; en se retirant, un des leurs tira cependant un coup de pistolet à l'officier qui était venu pour parlementer, mais il le manqua. On plaça une garde à cette porte, et cet incident n'eut pas d'autre suite.

Une heure après les troupes, on vit arriver madame la dauphine de son voyage à Vichy. Cette princesse n'apprit les évènemens qu'aux portes de Paris; les dépêches qui les lui annonçaient avaient été interceptées.

A ces nouvelles elle quitta ses équipages, et se servit de diverses voitures pour se rendre à Saint-Cloud, qu'elle dut encore éviter à cause de notre retraite, pour rejoindre sa famille à Trianon.

M. de Polignac passa encore la journée à Trianon, mais il paraît que ce fut à cet endroit qu'il se sépara du Roi.

L'embarras pour certains courtisans qui avaient suivi le Roi jusque-là, avait été de trouver quelque prétexte honnête pour s'éloigner, et de pouvoir le faire avec sécurité. Plusieurs allèrent à Versailles attendre le moment de retourner à Paris ou dans leurs terres.

Le Roi partit avec sa famille, dans la soirée, pour Rambouillet, et le dauphin resta encore à Trianon. Il fit distribuer aux soldats qui étaient campés près du pavillon, tout ce qui restait de comestibles et de vin. C'était une faible ressource pour huit à dix mille hommes. Quelques chefs de corps parvinrent cependant à faire acheter des vivres à Versailles pour leurs troupes.

A huit heures un quart du soir, les troupes se mirent en marche dans la direction de Trappes. Le 5e léger, qui était venu jusque-là, ne suivit pas le mouvement, il resta pour retourner à Paris.

Au départ des troupes de la garde, on fit l'appel; il y eut des manquans; ce furent surtout des sous-officiers qui étaient dépositaires d'argent à leur compagnie. Ces corps n'avaient ni caisse, ni officier comptable; tout était resté dans leur caserne, la solde n'était pas à jour, on faisait le prêt avec quelques à-comptes qu'on avait reçus sur la gratification promise par l'ordre du jour du 29. Ces sommes avaient été payées en billets de la Banque, on n'avait pu les échanger à Sèvres. On envoya à Versailles pour chercher à le faire. Plusieurs sous-officiers qui reçurent cette mission ne parurent plus. Les soldats furent encore suivis à Versailles par des individus qui, comme à Saint-Cloud, les sollicitaient vivement de revenir à Paris; on s'adressa même aux officiers, mais avec plus de circonspection.

On ne donna aucun ordre général pour la route; les troupes ignoraient le rang qu'elles devaient tenir dans les colonnes; les brigades, les régimens en prirent et en changèrent, selon le pas de celui qui les conduisait. La cavalerie suivait son allure, dépassait l'infanterie, faisait ses haltes à part; il en résulta beaucoup de fatigue et de désordre dans les rangs; cela semblait fait exprès pour donner l'occasion ou le prétexte aux soldats, qui tombaient de lassitude ou de sommeil, de rester en arrière. Bientôt les corps, les différentes armes marchèrent confusément; enfin, à minuit, on s'arrêta à Trappes, on s'établit tant bien que mal sur plusieurs lignes à droite et à gauche de la route. Le dauphin et le lieutenant-général qui avait pris le commandement de la garde à Versailles, couchèrent dans une maison en arrière de ce village.

Le lendemain, 1er août, le prince continua sa route sur Rambouillet, et les troupes de la garde restèrent dans la position qu'ils avaient prise pendant la nuit.

Les démarches qui furent faites pour procurer des vivres aux troupes, même avec de l'argent comptant, ne purent avoir aucun résultat; le village ne pouvait réellement en fournir pour huit mille hommes environ qui y avaient été agglomérés. Les généraux présens cherchèrent vainement le lieutenant-général qui, depuis la veille, était censé commander la garde; on ne put le découvrir : il paraît qu'il était au pavillon des Clefs avec trois régimens de cavalerie.

Le désordre de cette marche de nuit, qui avait semblé plus que de la négligence de l'état-major-général, ne laissa pas que de décourager encore les soldats, et d'agir sur l'esprit de plusieurs officiers. Des imaginations actives voyaient le Roi parti non seulement de Rambouillet, mais de Chartres sur les routes de Tours ou d'Angers. Plusieurs ne purent

renoncer tout à fait à cette idée que lorsqu'ils furent arrivés à Rambouillet.

A onze heure on se mit en route sur un simple rappel, et quelques soldats qui s'étaient éloignés sans armes pour aller acheter du pain dans les hameaux des environs, retournant aux positions où ils avaient laissé leur bataillon, furent massacrés sur la grande route par des paysans. Il est à remarquer cependant que la garde par sa conduite n'avait pas provoqué de pareils actes : les propriétés, les biens de la campagne avaient été religieusement respectés; les militaires avaient payé ce qu'on avait bien voulu leur vendre au prix souvent triple de sa valeur réelle. On avait fait prévenir les propriétaires des champs où les troupes avaient bivouaqué, qu'ils eussent à se présenter à Rambouillet, qu'ils y seraient indemnisés d'après leur propre estimation, et ils le furent effectivement des dégâts qu'avait pu occasionner ce campement momentané.

Les soldats assassinés n'étaient pas des Suisses, comme on le pourrait croire peut-être, mais bien des Français dont nous pourrions citer les régimens et les compagnies.

En arrivant près de Coignières, les colonnes de la garde virent passer le colonel du 15e léger, qui rapportait son drapeau au Roi. Charles X ne voulut pas recevoir ce drapeau: il avait aussi refusé celui du 50e.

L'infanterie de la garde prit position derrière les étangs du Peray. Il fut distribué à cette troupe une ration de pain, fournie en partie dans ce village, et le reste envoyé de Rambouillet, ainsi que la viande.

La maison militaire du Roi et les dragons de la garde étaient à Rambouillet; on y dirigea aussi le 7e suisse.

L'artillerie était parquée à la Rue-Verte, hameau en arrière du Peray.

La cavalerie de la garde prit des positions entre les Essars et Saint-Hubert, et des cantonnemens dans les villages ou hameaux environnans. Vieilles-Eglises, etc., en reçurent.

C'est ce jour-là que fut définitivement prise la résolution du Roi et du dauphin d'abdiquer en faveur du duc de Bordeaux; mais on fit seulement connaître aux troupes que M. le duc d'Orléans était lieutenant-général du royaume, et que les Chambres s'assembleraient le 3 août.

Ces notifications insignifiantes ou incomplètes produisaient l'effet contraire à celui qu'on se promettait. Les officiers et les soldats qui restaient présens à leurs drapeaux étaient bien convaincus de ce qu'ils avaient à faire; la cour ne le comprenait pas.

Les officiers, par dévouement ou par devoir; les soldats, par devoir et par attachement pour leur chef, étaient venus jusque là : tous, depuis leur sortie de Paris, sentaient que les évènemens étaient tels, qu'il ne leur restait qu'à s'interposer entre la famille royale pendant les négociations qui devaient décider du sort de la France, et les populations qu'on pourrait soulever contre les Bourbons.

Ces conditions, la garde les avait acceptées; mais elle voyait aussi bien clairement que ce n'était plus à la force des armes à décider des questions politiques qui se traitaient à Paris.

Tous les régimens d'infanterie de la garde étaient réunis au Peray ou à Rambouillet, sauf le 5e, qui était à Rouen, et qui n'en bougea point. Les cadres de ces corps étaient beaucoup réduits, non seulement par les évènemens de Paris, mais encore par toutes les causes que nous avons rapportées : celle qui avait le plus agi, était la difficulté de faire vivre cette infanterie, qui avait toujours été à peu près réunie. . . .

La cavalerie, qui se rassembla aussi dans les environs du Peray et de Rambouillet, était bien loin d'avoir éprouvé les privations de l'infanterie. Les régimens avaient été cantonnés; ceux qui étaient à Paris avaient peu souffert : aussi cette arme était-elle à peu près intacte. Le 1er août soir, par exemple, il ne manquait pas un homme dans le régiment de dragons; les hussards, les chasseurs étaient dans un état aussi satisfaisant. Trois régimens de grosse cavalerie n'avaient fait, pour ainsi dire, qu'une marche; le quatrième de cette arme avait eu quelques pertes à Paris; mais il était, du reste, en ordre.

L'artillerie avait toutes ses batteries réunies et très-bien attelées, à l'exception de la pièce de Sèvres.

Les fourrages n'avaient point manqué; les chevaux n'avaient pas souffert, non plus que les hommes, dans ces deux armes. . . . .

Malgré cette situation, dans la nuit du 1er au 2, trois régimens de la grosse cavalerie abandonnèrent leur position, et prirent par escadrons le chemin de leurs anciennes garnisons; dans la matinée suivante, le 2ᵉ de grenadiers, qui restait à Rambouillet, partit en masse, après avoir rapporté son étendard chez le Roi.

La cavalerie légère mêlée avec la grosse cavalerie ne bougea point : cette différence de conduite est notable, et peut difficilement s'expliquer, surtout quand on réfléchit qu'à la taille près des soldats, les élémens de ces deux armes étaient en tout semblables. Nous ne chercherons point à découvrir les causes qui déterminèrent ces régimens, nous nous bornerons à ajouter que ceux qui étaient partis par escadrons, comme celui qui était parti en masse, rentrèrent dans le meilleur ordre dans leur garnison.

Le départ de cette division, dont une partie traversa l'infanterie, dut nécessairement étonner cette dernière.

Le dauphin vint au jour visiter les troupes du Peray, et se borna encore à passer devant le front des troupes, puis s'en retourna à Rambouillet. Il rencontra sur sa route le régiment de grenadiers qui s'en allait : cette troupe se forma en bataille pour rendre au prince les honneurs ordinaires, et continua son chemin quand il l'eut dépassée.

Le lieutenant-général qui commandait la garde alla à son tour visiter les régimens qui étaient au Peray. Il assembla les corps d'officiers, leur fit à chacun une allocution, les engagea à persévérer dans leur dévouement, et termina en leur disant que sa division de grosse cavalerie était partie. Dans un régiment, ayant appris que quelques officiers avaient paru désirer aller à Rambouillet, il donna l'ordre à toute cette infanterie de s'y rendre, et ne laissa au Peray qu'un régiment pour garder la position.

Ces troupes vinrent à Rambouillet, et furent établies dans les prairies près du parc, où un régiment suisse était déjà.

Les dragons, chasseurs, lanciers et hussards de la garde étaient dans le parc; l'artillerie rentra aussi à Rambouillet.

Il paraîtrait que ce mouvement de l'infanterie, qui s'était fait, comme on l'a vu, sans la participation du dauphin et du major-général, aurait déplu beaucoup, et que ce fut la cause ou le prétexte d'une vive altercation entre ce dernier et le lieutenant-général, qui en avait donné l'ordre.

Quoi qu'il en soit, celui-ci cessa toute fonction

dans la garde, et partit pour Paris. La faveur dont jouissait ce lieutenant-général, les bontés particulières dont il avait été l'objet pendant quinze ans, et plus encore ses protestations de dévouement qu'il renouvela en prenant congé du Roi, devraient avoir effacé les préventions du peuple, de soldats et d'officiers très-peu rassurés, par tout ce qu'ils avaient vu, sur les véritables dispositions de quelques généraux, depuis ces jours de calamités, pour la famille qu'ils entouraient de tant d'hommages.

A trois heures le maréchal Marmont, accompagné de son état-major, vint dans les bivouacs, et fit former les divisions par carrés en masse; il leur donna connaissance de l'abdication du Roi et du dauphin. La pièce dont il fit lecture est connue; nous ne la rapporterons pas : c'était une ampliation de la lettre de Charles X au lieutenant-général du royaume.

Les vivres furent mieux assurés à Rambouillet; les distributions furent portées aux troupes trop éloignées par les fourgons et attelages du Roi; et l'on se décida même à abattre les mérinos de la ferme, pour compléter les rations. L'intendant de la liste civile donna des à-comptes pour la solde, mais toujours en billets de banque, qui offraient là, comme sur la route, les mêmes difficultés d'échange.

C'était tout ce qu'on pouvait faire ; nous avions vu toutes les peines qu'on avait encore à se procurer cela. Les communes des environs, qui offraient quelques ressources, étaient encore assez éloignées ; et l'action des autorités qui auraient pu être animées de quelque bonne volonté, était paralysée par la crainte. On offrait de payer comptant, et l'on payait ainsi en effet tout ce qui était apporté ; mais cette certitude de paiement ne les engageait pas davantage à fournir les objets demandés.

Enfin, le service des vivres n'était pas assuré pour le 4 ; et nous ne croyons pas exagérer en disant que M. de la Bouillerie n'avait plus le soir la moindre somme : tant il avait été dépensé pour les troupes par ordre du Roi !

Plusieurs personnes de la maison du Roi et des princes quittèrent encore Rambouillet ce jour-là, les unes sans donner aucune excuse, d'autres sous divers prétextes ; quelques-uns sous celui d'aller siéger aux Chambres dont ils étaient membres : mais enfin cette malheureuse famille n'avait plus autour d'elle que des officiers et des soldats. Leçon qui devrait profiter aux princes que ce cortége de courtisans rassure sur leur puissance!

Les troupes gardèrent les mêmes positions que la veille : un régiment était toujours en avant sur la route du Peray, poussant ses avant-postes jusqu'à l'Obélisque, à la sortie de la forêt, derrière le village; un escadron de gardes-du-corps y avait aussi été posté la veille.

Lorsque la garde eut quitté le Peray, des habitans de cette commune prirent les armes, et placèrent un piquet sur la route de Rambouillet : un M. Poque, venu de Paris, prit le commandement de ce rassemblement, du reste peu considérable. Il se présenta une ou deux fois, sous divers prétextes, au poste avancé de la garde; on finit par le prier de s'abstenir de ses visites; on le prévint même que, s'il revenait, on tirerait sur lui; que ni la convenance ni la sûreté du poste ne comportaient ces rapports. Malgré cette défense, il vint encore, et cette fois accompagné d'un brigadier appartenant à un des régimens qui avaient quitté Rambouillet; il se présentait en outre avec un drapeau tricolore. On lui fit signe, on lui cria de ne pas avancer, il n'en tint compte; le factionnaire de la garde, après avoir réitéré son avertissement, tira, et M. Poque fut grièvement blessé; la vedette des gardes-du-corps courut arrêter le cuirassier. M. Poque fut transporté, avec tous les ménagemens que comportait sa situation, à Rambouillet, où tous les soins lui furent prodigués. On s'empressa aussi de vérifier ce fait; et il fut prouvé à M. Poque qu'il n'y avait aucun tort de notre côté. Ordinairement les parlementaires, s'il réclamait ce titre, se présentent avec un trompette; mais à défaut de trompette, avec un drapeau *blanc*, qui est le drapeau parlementaire de tous les peuples.

D'ailleurs, le factionnaire ne pouvait le reconnaître lui-même; il fallait, dans tous les cas, que le chef du poste eût le temps d'arriver.

Cette circonstance a été encore présentée d'une manière inexacte dans le rapport de la commission centrale. Il y est dit : *M. Poque eut la mission périlleuse de faire rentrer au Trésor cette propriété nationale* (les diamans de la couronne). *M. Poque fut investi par le général* (M. de La Fayette) *et par nous, du droit de requérir toutes les autorités ci-*

*viles et militaires. Il lui était recommandé de s'emparer, même par force, des diamans de la couronne, mais en même temps, de protéger la retraite de la famille royale hors du royaume. Ce brave officier s'est acquitté de sa mission avec autant de dévouement que d'intelligence. Il était déjà parvenu à réunir un corps de gardes nationaux assez considérable près de Rambouillet. Il a été blessé grièvement, contre le droit des nations, dans le moment où il s'avançait en parlementaire.*

Cet évènement n'eût-il pas eu lieu, il était, comme on le voit, impossible que M. Poque parvînt à remplir aucun des objets de sa mission; et, si elle était telle que la représente ce rapport, on s'était étrangement mépris sur la force des troupes qui étaient avec le Roi.

On ne cessait de prendre toutes les précautions possibles pour prévenir non seulement des affaires générales, mais les plus légers engagemens partiels. On fut affligé de l'accident que M. Poque s'était attiré par entêtement ou par ignorance. Dans le premier cas, c'était une insulte pour la garde; mais elle aima mieux croire que M. Poque, qui probablement n'est pas militaire, ne connaissait pas un usage qui n'a jamais d'exception.

Nous nous sommes étendu un peu sur cette circonstance, où fut tiré le dernier coup de fusil. On remarquera que la première scène, comme la dernière de ce grand drame, ont toujours été provoquées par nos adversaires.

Mais revenons aux évènemens généraux. On savait que les dernières propositions de Charles X ne seraient pas mieux accueillies que les premières. On voyait que le sort de la dynastie serait réglé par les Chambres. Peu de personnes dans la garde pouvaient croire qu'elles lui fussent favorables.

On savait aussi que Charles X, en attendant une réponse à son message, avait refusé d'admettre les personnes envoyées par la commission provisoire pour lui servir de sauve-garde, soin tout au moins superflu tant qu'il était entouré de ses troupes.

Mais on ignorait de quelle manière la cour prendrait la réponse attendue de Paris. De là, quelques craintes d'une retraite sur la Vendée; si elle avait eu lieu dans cette direction, la garde, qui n'admit jamais l'idée d'une guerre civile, n'aurait pas passé la Loire. Nous ne pensons pas que cette détermination de la garde ait eu de l'influence sur ce qui fut fait, mais les dispositions unanimes des officiers et des soldats furent hautement exprimées.

Si à la cour on avait été long-temps dans l'erreur sur le véritable esprit de la France, nous devons faire remarquer que dans ce moment d'un succès inoui, on se trompait étrangement à Paris sur le nombre et les sentimens des troupes de la garde qui restaient encore près de Charles X, lorsqu'on fit partir, en fiacres et en voitures de toute espèce, six ou sept mille individus pour venir les disperser.

Il restait à Rambouillet, le 3 août, les cadres de vingt bataillons de la garde, réduits il est vrai, mais présentant un effectif de. . . . . . . 5500 hommes.

La division de cavalerie légère à peu près intacte (4 régimens, 20 escadrons). . . . . . . . . . . . . . . 2000

Maison militaire : cavalerie, infanterie. . . . . . . . . . . . . . . . 1300

Total. . . . . . . . . . 8800 hommes.

Il y avait sept batteries attelées, 42 pièces.

Ces troupes, qui étaient venues jusque-là tout en

repoussant l'idée de la guerre civile, étaient plus résolues que jamais de périr jusqu'au dernier homme, plutôt que de ne pas remplir honorablement jusqu'à la fin leurs obligations vis-à-vis de la famille qu'elles avaient servie dans des temps plus prospères.

Nous croyons que c'est ici le lieu de présenter encore quelques observations sur le personnel de cette garde, à laquelle il serait difficile, du reste, de disputer son excellente organisation, et le degré d'instruction où elle était parvenue. Ces corps étaient commandés par des officiers dont la majorité servait depuis long-temps; les officiers supérieurs, et presque tous les capitaines, avaient fait les guerres de l'Empire; le plus ancien chef de bataillon, par exemple, était entré au service comme volontaire, en 1792, et avait servi sans interruption. Le dernier officier de ce grade était chef de bataillon de 1812 ou 1813; le plus ancien capitaine avait fait la campagne d'Egypte La plupart des officiers de ce grade dataient leur brevet de 1810, 1812, 1814, etc. Les lieutenans et sous-lieutenans sortaient aussi de la ligne ou de sous-officiers des corps de la garde: beaucoup avaient fait la guerre.

Les officiers entraient dans la garde sur la présentation des inspecteurs-généraux de la ligne, qui portaient toujours les officiers les plus méritans par leurs services et leur conduite.

Les sous-officiers étaient, en général, très-anciens de service; beaucoup venaient de l'ex-garde impériale. Les soldats étaient choisis par les inspecteurs-généraux dans les compagnies d'élite de la ligne, et parmi les sous-officiers qui désiraient passer dans la garde. Il y avait un huitième environ de l'effectif rempli par les engagemens volontaires. On était fort difficile pour cette admission; ceux-là étaient soldats de seconde classe, avec une solde inférieure.

Pour les officiers, le passage dans la garde équivalait à un tour d'avancement. Ainsi, le rang supérieur qu'ils avaient sur ceux de la ligne était conforme aux lois établies, et en harmonie avec la Charte. Les ordonnances qui avaient rapport à la garde avaient été rendues sous le ministère du maréchal Gouvion Saint-Cyr, et étaient datées de 1818 et 1819. On voit que l'avancement que les officiers obtenaient en entrant dans la garde n'était pas un privilége, mais bien un droit acquis, en raison de leur service.

Si nous croyions nécessaire de répondre aux reproches d'émigration, etc., adressés aux officiers de ces corps par des personnes sans doute peu instruites, nous les renverrions à l'*Annuaire militaire :* elles y verraient que si les régimens, à leur formation en 1815, présentaient quelques officiers de cette première catégorie, ils s'étaient tellement renouvelés depuis cette époque, qu'on n'y voyait plus figurer, en 1830, quarante des officiers qui y entrèrent en 1815 ou 1816 ; et l'on se tromperait encore étrangement, si l'on pouvait croire que, même dans ces années, il s'y trouvât beaucoup d'officiers qui avaient servi dans l'émigration.

Quelques individus, dans la garde comme ailleurs, avaient peut-être sacrifié à la vanité de la particule ; mais cette manie fut de tous les temps, de tous les pays, et même de tous les partis. Depuis Jérôme de Prague jusqu'à feu le général Guillaume de Vaudoncourt, on a vu des personnes inféoder à leur nom celui du lieu de leur naissance.

Mais laissons les catégories, toujours injustes, sinon absurdes.

Voilà les élémens qui composaient cette garde qu'on

représente comme *fuyant, glacée de terreur, à l'aspect de.....* sept à huit mille hommes, pleins d'enthousiasme sans doute, remplis de courage (ils étaient Français), mais sans organisation et mal armés. Les troupes qui venaient de combattre étaient françaises aussi; et, tout en déplorant leur position, celles qui s'étaient battues à Paris n'avaient pas montré que la crainte entrât pour beaucoup dans leurs sentimens. Il y avait à Rambouillet, comme on l'a vu, trois mille cavaliers supérieurement montés, et quarante-deux pièces de campagne.

A présent, veut-on savoir ce que pensèrent réellement ces troupes, quand elles surent qu'on avait envoyé des Parisiens à Rambouillet? Elles imaginèrent que le gouvernement provisoire, ne sachant comment se débarrasser de beaucoup d'individus auxquels les évènemens avaient mis les armes à la main, saisissait ce moyen pour les faire sortir de Paris, espérant qu'il en reviendrait peu.

Mais il paraîtrait, d'après le rapport de la commission, que c'était bien sérieusement, et sans arrière-pensée, qu'on avait envoyé ces sept à huit mille hommes. Eussent-ils été dix mille, ce que nous ne croyons pas, en arrivant à Coignières, ou même plus nombreux encore, que pouvait cette cohue? il y avait une différence énorme entre les positions de Rambouillet, les troupes qui les occupaient, et les rues du quartier des Halles, à Paris, où l'on avait si sottement engagé quinze cents hommes. Ici, toutes les armes de la garde pouvaient être utilisées; mais, heureusement, soit prudence de la part de ceux qui commandaient les Parisiens, ou retard dans leur marche, ils n'arrivèrent pas à Rambouillet lorsque nous y étions encore.

Vers neuf heures du soir, les envoyés du gouvernement provisoire furent reçus par Charles X : leur but était de le déterminer à partir pour Cherbourg. Nous tenons d'une personne digne de foi qu'avant de se décider, le Roi voulut entretenir en particulier un des commissaires, et l'interpella, sur sa parole d'honneur, de lui dire si effectivement *quatre-vingt mille Parisiens* étaient en marche sur Rambouillet; que celui-ci, embarrassé, avait répondu : « Sire, je « ne les ai pas comptés; mais il y en a beaucoup. — « Enfin, croyez-vous qu'il y en ait quatre-vingt mille? « — J'ai l'honneur de répondre à Votre Majesté que

« je ne les ai pas comptés; mais il y en a beaucoup.....
« Ils peuvent être ce nombre. »

A la suite de cette conversation, Charles X aurait fait rentrer toute la députation, et lui aurait dit qu'il était décidé à accepter l'itinéraire proposé, et qu'il allait donner l'ordre du départ. En effet, le Roi et sa famille partirent de suite pour Maintenon, où ils allèrent coucher au château de M. Just de Noailles.

A dix heures, on fit lever les soldats de leurs baraques; on fit sonner à cheval, et les troupes se placèrent, selon les ordres du major-général : la cavalerie et l'artillerie de réserve, vers le château, de manière à déboucher sur la grande route de Rambouillet à Maintenon; l'infanterie se forma en colonne en masse sur la route de Paris, et dans la grande avenue du parc qui y fait face : elle devait se mettre en marche, quand on la ferait prévenir que l'artillerie et la cavalerie auraient pris leur distance de colonne en route; elle devait suivre les avenues du parc, et aller rejoindre la route de Maintenon, sans passer par Rambouillet. Le régiment de la garde et l'escadron de gardes-du-corps qui étaient sur la route de Paris, reçurent l'ordre de rentrer à leur division.

L'ordre de marche était en colonne renversée, la gauche en tête, pour être à même de se déployer si cela devenait nécessaire.

A onze heures environ, l'infanterie et les pelotons de gardes-du-corps, qui faisaient l'arrière-garde, se mirent en route.

Nous ignorons à quelle heure les Parisiens arrivèrent; mais nous pouvons assurer, d'après nos propres observations, ayant eu à remplir une mission qui nous fit rester avec le dernier peloton, qu'au départ de cette dernière troupe rien n'annonçait l'arrivée de la colonne parisienne. Nous remarquâmes seulement quelques bourgeois qui observaient nos mouvemens, mais avec une certaine circonspection. Etaient-ce des habitans de Rambouillet ou des affidés envoyés de Coignières?

Si on était loin dans la garde d'appréhender une attaque, nous ne sommes pas fâché que leurs rapports aient pu détourner ceux qui les envoyaient d'une poursuite qui ne pouvait que leur être bien fatale.

On laissa à Rambouillet les voitures de la cour qui furent jugées superflues pour le voyage de Charles X; sa suite, comme celle des princes, était si réduite, que les princesses n'avaient plus une seule de leurs femmes : la domesticité imitait les courtisans. Les cinq pompeux services de la maison civile n'étaient plus représentés, pas même celui du grand-aumônier (1).

Après une heure de marche, hors des défilés que forme la route, la cavalerie et l'artillerie se mirent en bataille. On fit halte pendant une demi-heure, puis on continua la marche. Un peu avant d'arriver à Epernon, un individu, monté sur un cheval de poste, et précédé par un postillon, demanda à traverser la colonne des troupes; il se disait porteur d'un sauf-conduit pour les Suisses. On l'envoya au maréchal, qui était à la tête : il put mieux encore remplir le but de sa mission, qu'on supposa être d'ob-

---

(1) Nous serions injuste d'oublier cependant un des officiers des cérémonies dont les fonctions ne pouvaient guère être utilisées par un roi déchu. Un hérault d'armes suivait depuis Saint-Cloud : c'était un vieux soldat des armées de la république et de l'empire, le lieutenant colonel Lainé. Ce dernier représentant des Mont-Joie-Saint-Denis de l'ancienne France avait commencé sa carrière par la guerre contre les Vendéens; mais son dévouement dans cette dernière circonstance ne fut pas, malheureusement pour lui, mise à une longue épreuve. On lui avait procuré un cheval de troupe qui se trouva être fort rétif; il se cabra à peu de distance de Rambouillet, et en s'abattant il tua son cavalier.

server nos forces; car le prétexte avoué de sa mission parut plus ridicule qu'impertinent.

Les habitans des villages et hameaux qui bordent la route, et de ceux que nous traversions, étaient restés levés; ils regardaient avec un singulier étonnement ce nombreux passage de troupes.

Au-delà d'Epernon, on fit encore une halte d'une demi-heure: enfin, vers six heures, on arriva à Maintenon. La garde traversa cet endroit et prit la route de Dreux, où elle s'arrêta en arrière du village de Pierre. On fit former les faisceaux à l'infanterie, et dans la cavalerie on donna l'avoine aux chevaux, comptant partir bientôt pour Dreux.

Mais les commissaires du gouvernement provisoire ayant été demander au Roi qu'il se séparât de sa garde, et qu'il continuât sa route sous leur sauvegarde, après quelques difficultés Charles X y consentit, et toutefois obtint que les gardes-du-corps et une section d'artillerie l'accompagneraient encore.

Après cet arrangement, il fit écrire l'ordre du jour suivant:

« Aussitôt après le départ du Roi, tous les régi-
« mens d'infanterie de la garde et de la gendarmerie

« se mettront en marche sur Chartres, où ils rece-
« vront tous les vivres qui leur seront nécessaires.
« MM. les chefs de corps, après avoir rassemblé leurs
« régimens, leur déclareront que Sa Majesté se voit,
« avec la plus vive douleur, obligée de se séparer
« d'eux ; qu'elle les charge de leur témoigner sa sa-
« tisfaction, et qu'elle conservera toujours le souvenir
« de leur belle conduite, de leur dévouement à sup-
« porter les fatigues et les privations dont elles ont
« été accablées pendant ces circonstances malheureu-
« ses. Le Roi transmet pour la dernière fois ses ordres
« aux braves troupes de sa garde qui l'ont accompa-
« gné, c'est de se rendre à Paris, où elles feront leur
« soumission au lieutenant-général du royaume, qui
« a pris toutes les mesures pour leur sûreté et leur
« bien-être à venir. »

**Maintenon, le 4 août.**

*Pour ampliation*,

Le chef d'état-major-général, etc.

•

A dix heures, Charles X quitta le château de M. de Noailles. La garde prit les armes, et se forma en bataille sur les bords de la route, pour rendre les derniers honneurs à cette famille malheureuse, qu'elle servait depuis seize ans.

Ce dernier adieu de soldats, qui ne pouvaient retenir leurs larmes, est probablement le plus sincère hommage que ces princes reçurent jamais; et s'ils ont commis des fautes, de si grandes et si imprévues infortunes ne pouvaient cependant trouver les cœurs insensibles, surtout chez une nation dont l'amour pour ses rois avait été si long-temps une sorte de passion, et, de nos jours même, avait encore éclaté par des transports presque unanimes.

M^me^ la duchesse de Berri, ayant dans sa voiture M^me^ de Gontaut et ses enfans, précédait M^me^ la dauphine, que son mari escortait à cheval.

Venait ensuite Charles X, suivi par les commissaire du gouvernement, puis quelques voitures de suite et fourgons. On avait effacé les armoiries des voitures, même de celles du Roi.

Le duc de Raguse était à la portière de Charles X. Les gardes-du-corps et les dragons de la garde, qui allèrent encore jusqu'à Dreux, précédaient et suivaient ce triste cortége, qui passa très-lentement devant les rangs. Les princesses en larmes faisaient leurs adieux aux officiers et aux soldats. Mme la dauphine dit à plusieurs officiers supérieurs : *Croyez-bien, messieurs, oh! croyez-bien que je n'ai été pour rien dans ce qui s'est fait.*

Le duc de Bordeaux et sa sœur saluaient tristement; ils semblaient n'être pas exempts des peines morales, qui rarement atteignent l'enfance.

Charles X abattu, et des larmes dans les yeux, rendait le salut à ces drapeaux qui allaient cesser d'être les couleurs des troupes qu'il voyait pour la dernière fois.

Là, finissaient toutes les obligations qui liaient la garde aux Bourbons. Elle les avait accomplies comme elle le devait, et comme elle se l'était promis, en se disant : *Fais ce que dois, advienne que pourra.*

---

Après le passage de Charles X, on fit des dispositions pour le départ des troupes; les rangs se trouvèrent dégarnis de beaucoup de sous-officiers et de soldats, qui étaient partis de suite après la lecture de l'ordre du jour. Tous les efforts humains n'auraient pu, dans ce moment, arrêter ceux qui s'éloignaient. Les anciens officiers s'affligeaient de ce qu'ils regardent comme une maladie morale de l'armée ; ils prétendaient que les évènemens de 1814 et 1815 avaient produit des effets semblables dans les corps; ils virent avec peine que ces époques avaient laissé une tradition.

Le 5, le général baron Gérard transmit à Chartres les ordres de route aux divers régimens de la garde qui durent rentrer dans leur garnison. Ils y ont été licenciés, conformément à l'ordonnance du Roi Louis-Philippe Ier, en date du 11 août. Nous ne pouvons nous empêcher de dire que cette ordonnance, en faisant perdre l'ancienneté des grades, blesse des droits acquis, et que son exécution, dans quelques autres cas, est contraire à la loi du 10 mars. Mais les militaires qui composaient la garde comprirent la nécessité des circonstances; ils surent s'y soumettre.

FIN.

## *POST-SCRIPTUM.*

Pendant que nous essayons de raconter la part que prit la garde aux derniers évènemens en France, une révolution qui se fait dans un pays voisin, à l'imitation de la nôtre, montre la distinction qu'il y avait entre cette troupe et celle du royaume des Pays-Bas.

Dans quelle circonstance les militaires de l'ex-garde ont-ils tiré sans avoir été provoqués d'abord par le feu de leurs adversaires ou par des attaques d'un autre genre? Ont-ils, pour se défendre de celles-ci, essayé de forcer des portes? ont-ils usé de toute leur adresse et de l'instruction qu'on ne leur contestera pas, pour tirer sur des groupes où étaient souvent mêlées des personnes sans armes? Si quelquefois des individus, se disant non combattans, ont été atteints dans ces malheureuses affaires, on ne peut y voir qu'une suite inévitable du désordre que présentaient les attaques tumultueuses du peuple. Mais dans quel lieu a-t-on vu achever ou mutiler des blessés, des prisonniers? Bien au contraire, les officiers de santé qui se trouvaient avec les troupes pansaient également peuple et soldats.

A l'Hôtel-de-Ville, toutes les maisons de la place

étaient garnies d'une foule de combattans; ils y restèrent douze heures : les a-t-on troublés dans ces positions, qui avaient fini par leur servir seulement de refuge? non, certes; on a favorisé leur évasion.

Si enfin quelques faits de ce genre ont pu réellement être reprochés à des militaires de la garde, ce qui n'est point parvenu cependant à notre connaissance, des exceptions aussi rares ne feraient que mieux ressortir la conduite de cette troupe, à laquelle, nous en sommes persuadé, on rendra toute la justice qu'elle mérite, dès que nous serons un peu plus éloignés des évènemens.

Il ne nous appartenait pas de relever l'invraisemblance d'une foule de détails erronés qu'on a publiés sur ces évènemens, et qu'on ne cesse de reproduire sous toutes les formes possibles; le bon sens du public finira par en faire justice.

Mais dans les renseignemens que nous avons cherché à nous procurer, il en est un qui répond à bien des erreurs. Le nombre des tués ou blessés des troupes de l'ex-garde, gendarmerie, etc., ne s'élève pas à 375 militaires de tous grades, et dont les morts ne forment qu'un cinquième.

Les Suisses figurent pour le quart environ du nombre total; ce qui se rapporte encore à leur effectif, comparé à celui des autres troupes engagées.

Les pertes de la cavalerie ont été insignifiantes; celles de la gendarmerie encore moindres.

Ce nombre de 375, que nous portons ici, est encore plus fort que celui qui ressortirait des contrôles des régimens; mais ces contrôles présentent quelques hommes dont on ne connaît pas bien la dernière mutation, et nous les comprenons dans les pertes.

Nous n'avons aucun renseignement qui établisse d'une manière approximative les pertes du peuple; mais nous pensons que, lorsque la commission des récompenses fera connaître son travail, il en résultera que le nombre des victimes de ces journées a été au moins triplé par la renommée.

On verra nécessairement aussi, à la suite d'un travail consciencieux, que les bulletins populaires, comme les autres, sont des documens historiques qu'il ne faut admettre qu'avec la plus grande précaution. Par exemple, ces pauvres Suisses! tout le monde en a tué; et si on voulait compter ce qu'il en a dû succomber, non seulement le nombre de 85 à 90, qui est leur perte réelle, ne suffirait pas, mais il se trouverait que tous ceux qui prirent part aux journées de juillet auraient été tués au moins une fois et demie.

Nos lecteurs seront nécessairement surpris de l'énorme différence qu'il y a entre le nombre des blessés et tués de la garde et celui que présentent les autres écrits qui ont paru jusqu'à ce jour sur ces évènemens. Si nous nous étions attaché au détail des faits, la différence n'eût pas été moins grande; nous en jugeons par un ouvrage qui nous tombe pour la première fois sous la main : c'est l'*Histoire de la révolution de* 1830, par M. Rossignol, etc., ouvrage dédié au Roi.

A la page 301, nous voyons que M. Paul Caffe, chirurgien interne de l'Hôtel-Dieu, pansa et sauva de la fureur du peuple *un officier et quinze grenadiers de la garde royale, tous blessés; dix autres étaient morts*, et n'avaient plus besoin de ses soins; et tout cela pour avoir négligé l'avis de M. Caffe, qui aurait prévenu l'officier qu'en arrivant à l'Hôtel-de-Ville, lui et les siens seraient massacrés. *Mais le malheureux officier aurait vécu encore une demi-heure, et assez pour remercier plus d'une fois son jeune et intrépide libérateur, et lui demander pardon d'avoir négligé ses conseils.*

Cette circonstance, qu'on aura peine à reconnaître, se rapporte à la patrouille des quinze hommes envoyés par le maréchal à l'Hôtel-de-Ville. On sait qu'un homme seulement fut tué, mais que ce détachement ni l'officier ne tombèrent dans les mains du peuple. Ils ne reçurent pas davantage les soins du sieur Caffe. Enfin, les trois hommes blessés furent conduits à l'hôpital du Gros-Caillou; là seulement ils furent pansés, et l'officier et ses hommes furent promptement guéris. Le lieutenant qu'on fait mourir se porte très-bien actuellement. Nous croyons du reste inutile, après ces renseignemens, de le nommer.

Nous ajouterons seulement qu'il n'y a de vrai,

dans ce récit, que l'avis donné par M. Caffe; car l'officier nous dit lui-même qu'un bourgeois l'avait averti que l'Hôtel-de-Ville était occupé par le peuple, mais qu'il avait suivi ses ordres, qui étaient positifs.

Il nous eût été facile de signaler bien d'autres erreurs et exagérations dans toutes les relations qui ont paru sur ces évènemens, où la vérité a été si étrangement défigurée.

# PIÈCES

## JUDICIAIRES ET HISTORIQUES

RELATIVES

## AU PROCÈS DU DUC D'ENGHIEN.

IMPRIMERIE DE J. TASTU,
RUE DE VAUGIRARD, N° 36.

# PIÈCES

## JUDICIAIRES ET HISTORIQUES

RELATIVES

## AU PROCÈS DU DUC D'ENGHIEN,

AVEC

LE JOURNAL DE CE PRINCE DEPUIS L'INSTANT DE SON ARRESTATION.

PRÉCÉDÉES DE LA

## DISCUSSION

DES ACTES DE LA COMMISSION MILITAIRE INSTITUÉE EN L'AN XII, PAR LE GOUVERNEMENT CONSULAIRE, POUR JUGER LE DUC D'ENGHIEN.

Par l'auteur de l'opuscule intitulé DE LA LIBRE DÉFENSE DES ACCUSÉS.

PARIS.

BAUDOUIN FRÈRES, LIBRAIRES,

ÉDITEURS DE LA COLLECTION DES MÉMOIRES SUR LA RÉVOLUTION FRANÇAISE,

RUE DE VAUGIRARD, N° 36.

1823.

# AVANT-PROPOS.

Je n'avais que vingt ans lorsque la nouvelle de la mort du duc d'Enghien se répandit dans Paris. Cet événement fit sur moi une profonde impression. Je supposais le jugement régulier; et je n'en plaignais pas moins, sans la connaître, le sort de la victime.

Quelques années plus tard (en 1809), ayant composé un petit ouvrage, intitulé *Précis historique du Droit romain*, à une époque où le despotisme tout développé du nouvel empereur offrait plus d'un rapprochement avec les maîtres de l'ancienne Rome, le souvenir du duc d'Enghien s'offrit à ma pensée; et, comme j'en étais au successeur d'Auguste, je disais de lui : « Il usa d'abord

» de politique et de ménagemens; et,
» tant qu'il put craindre Germanicus,
» incertain de son pouvoir (*ambiguus*
» *imperandi*), il ne fit aucune loi sans
» consulter le Sénat, ou sans se cou-
» vrir du voile de la puissance tribuni-
» tienne; *Mais, dès qu'il eut souillé*
» *ses mains du sang de ce jeune*
» *prince, que ses vertus, ses rares*
» *qualités et l'amour des Romains*
» *lui rendaient redoutable, il devint*
» *tout autre*.... Sa devise était : Qu'on
» me haïsse pourvu qu'on me craigne :
» *oderint, dum metuant.* » — On ne voulut pas s'y méprendre; je fus mandé à la police, et l'on me prouva sans réplique que Germanicus était là pour le duc d'Enghien, et que le mal que je disais de l'Empereur romain retombait sur *l'Empereur des Français*. Mon livre fut saisi à domicile et chez l'imprimeur; l'édition fut supprimée, et, si je

ne fus pas personnellement poursuivi, c'est qu'on en voulait alors plus aux livres qu'aux auteurs, et qu'on jugeait plus prudent d'étouffer la pensée sans bruit que de la traduire avec éclat devant les tribunaux.

Lorsque, depuis, les pièces même du procès me sont tombées sous les yeux, elles sont devenues pour moi l'objet d'une vive curiosité; et leur examen m'a suggéré les réflexions qu'on va lire.

Ce travail était resté dans mon portefeuille; car chacun a le sien. Je ne l'avais communiqué qu'à un très-petit nombre de personnes (1), et je n'aurais jamais pris sur moi de rappeler l'attention publique sur cet affligeant sujet, si d'autres n'eussent pris l'initiative.

Mais, puisque *la catastrophe du duc*

---

(1) Il se trouve cité dans les *Annales du Barreau français* (moderne), tome V, p. 607.

*d'Enghien* est redevenue l'objet de nouvelles discussions; aujourd'hui que ces discussions sont d'autant plus de nature à égarer le public que chacun parle ou écrit dans la supposition que les pièces du procès ont péri sans retour : je dois, puisqu'il est en mon pouvoir de faire connaître la vérité, la dire sans autre intérêt que celui de la vérité même ; sans passion, sans esprit de parti, sans m'immiscer dans une querelle qui n'est pas la mienne; mais toutefois en exprimant, comme tout homme juste doit le faire, mon aversion personnelle pour une action que la morale réprouve, qu'aucun motif, même politique, ne peut pallier ni justifier, et dont le récit ne doit passer à la postérité qu'avec les qualifications qui lui appartiennent.

On fera peut-être une objection ; l'on dira : Vous critiquez un jugement, vous méconnaissez l'autorité de la *chose ju-*

*gée!* — N'en déplaise aux amis de toutes les choses ainsi jugées, ils n'ôteront ni à l'historien ni au jurisconsulte le droit de discuter de pareils actes. Jamais, non jamais le caractère auguste de la chose véritablement jugée, qui est d'être réputée *la vérité même*, ne s'appliquera à une condamnation politique dont l'injustice et l'illégalité seront aussi rigoureusement démontrées : en pareille matière, *celui qui juge à son tour est jugé.*

---

# TABLE.

Pages

# DISCUSSION

DES

## ACTES DE LA COMMISSION MILITAIRE

INSTITUÉE, EN L'AN XII, PAR LE GOUVERNEMENT CONSULAIRE, POUR JUGER LE DUC D'ENGHIEN.

---

La mort de l'infortuné duc d'Enghien est un des événemens qui ont le plus affligé la nation française : il a déshonoré le gouvernement consulaire.

Un jeune prince, à la fleur de l'âge, surpris par trahison sur un sol étranger, où il dormait en paix sous la protection du droit des gens ; entraîné violemment vers la France, traduit devant de prétendus juges qui, en aucun cas, ne pouvaient être les siens ; accusé de crimes imaginaires ; privé du secours d'un défenseur ; interrogé et condamné à huis-clos ; mis à mort de nuit dans les fossés du château-fort servant de prison d'État : tant de vertus méconnues, de si chères espérances détruites, feront à jamais de cette catastrophe un des actes les plus révoltans auxquels ait pu s'abandonner un gouvernement absolu !

Le simulacre des formes judiciaires, alors même qu'elles auraient été ponctuellement observées, n'ôterait rien au jugement en lui-même de son effroyable iniquité : des lois, si les lois de cette époque avaient pu autoriser une telle condamnation, laisseraient encore au législateur la honte de les avoir portées : des juges, s'ils avaient eu réellement le pouvoir de prononcer, n'en seraient pas moins livrés au remords éternel d'avoir sacrifié l'innocent !.....

Mais si aucune forme n'a été respectée ; mais si les juges étaient incompétens ; mais s'ils n'ont pas même pris la peine de relater dans leur arrêt la date et le texte des lois sur lesquelles ils prétendaient appuyer cette cruelle condamnation ; si le malheureux duc d'Enghien a été fusillé en vertu d'une sentence *signée en blanc*.... et qui n'a été régularisée qu'après coup ! alors ce n'est plus seulement l'innocence victime d'une erreur judiciaire ; la chose reste avec son véritable nom ; c'est un odieux assassinat.

Une telle assertion aurait-elle besoin d'être démontrée ? Ah ! sans doute, la gloire du duc d'Enghien n'en a pas besoin ! Mais la France qui a déploré la perte de ce jeune héros ; la France qui voyait en lui le digne héritier de ce beau nom de Condé qui valut tant de gloire à nos armes ; la France éprouvera quelque consolation, en apprenant que la mort du duc d'Enghien fut le crime de quelques hommes, et non le crime des lois ? Les Français y trouveront de nouveaux motifs pour se réjouir de l'abolition du gouvernement militaire ; pour respecter et chérir davantage les institutions qui, sous la monarchie constitutionnelle, garantissent l'honneur, la liberté, la vie de tous les citoyens.

## § Ier.

### *Illégalité de l'arrestation du duc d'Enghien.*

Le duc d'Enghien raconte ainsi les circonstances de son arrestation dans un *journal écrit par lui-même*, dont copie est restée aux pièces, et dont la lecture intéresse surtout par sa simplicité.

« Le jeudi 15, à Ettenheim, ma maison » cernée par un détachement de dragons » et des piquets de gendarmerie, total deux » cents hommes environ, deux généraux, » le colonel de dragons, le colonel Charlot » de la gendarmerie de Strasbourg, à cinq » heures (du matin). — A cinq heures et » demie, les portes enfoncées, emmené au » moulin près la Tuilerie. — Mes papiers en- » levés, cachetés. — Conduit dans une char- » rette entre deux haies de fusilliers, jus- » qu'au Rhin. — Embarqué pour Rhisnau. » Débarqué et marché à pied jusqu'à Pfofs- » heim. — Déjeuner à l'auberge. Monté en » voiture avec le colonel Charlot, le maré- » chal-des-logis de la gendarmerie, un gen- » darme sur le siége, et Grunstein. — Arrivé » à Strasbourg, chez le colonel Charlot, vers » cinq heures et demie. Transféré une demi- » heure après, dans un fiacre, à la citadelle... »

La loi du 28 mars 1793, art. 74, et celle du 25 brumaire an III, tit. 5, sect. 1, art. 7, voulaient que les émigrés qui, ayant porté les armes contre la France, seraient arrêtés, *soit en France, soit en pays ennemis ou conquis, fussent jugés dans les vingt-quatre heures, par une commission de cinq membres* (1), *nommés par le chef de l'état-major de la division de l'armée dans l'étendue de laquelle ils auraient été saisis.*

La loi du 19 fructidor an V avait étendu cette mesure à tous les émigrés, sans distinction, qui seraient *arrêtés dans le territoire de la république* : seulement, elle voulait, article 17, que la commission militaire fût, à leur égard, composée de sept membres, nommés par le général commandant la division dans l'étendue de laquelle leur arrestation aurait eu lieu.

Mais, à ce sujet, il y a trois remarques à faire.

Premièrement, le duc d'Enghien ne pouvait pas être rangé parmi les simples *émigrés*. En sa qualité de *prince* français, il était dans

---

(1) Ce nombre a, depuis, été porté à sept par d'autres lois.

une classe à part. On appelait *émigrés*, dans la législation, ceux qui n'étaient absens que par leur volonté, et qui, dès-lors, pouvaient rentrer en obtenant leur radiation. Mais les Bourbons n'avaient pas cette faculté : un insolent décret avait déclaré *ne plus reconnaître de princes français*, et les avait *bannis à perpétuité* du territoire.

Secondement, à l'époque où le duc d'Enghien fut capturé, il y avait déjà près de deux ans que le sénatus-consulte de l'an X avait été promulgué, et que des mesures plus humaines (couvertes du nom, si souvent trompeur, d'*amnistie*), avaient mitigé la législation sur les émigrés. Les mœurs de la nation, qui avaient déposé la fureur révolutionnaire et qui commençaient à reprendre leur douceur accoutumée, avaient même été plus loin; et nous en trouvons la preuve dans les écrits d'un homme qui n'est pas *suspect* de faveur pour les émigrés. L'éditeur du Nouveau Répertoire de Jurisprudence, au mot *Commission*, sect. 1, § 5, n° 1er, après avoir rappelé les lois des 28 mars 1793, 25 brumaire an III, et 19 fructidor an V, s'exprime en ces termes : « Ces lois » seraient encore, à la rigueur, applicables » aux émigrés qui n'ont pas profité ou qui » ont été exceptés de l'amnistie proclamée » par le sénatus-consulte de l'an X; mais » *le gouvernement se borne constamment à* » *faire déporter du territoire français ceux* » *d'entre eux qu'on y arrête.* » — Il avait donc renoncé au droit féroce de les égorger.

Troisièmement enfin, alors même qu'on aurait pu légalement appliquer au duc d'Enghien la qualification d'*émigré ;* alors même encore que la législation sanguinaire portée contre les émigrés aurait été dans toute sa vigueur; au moins il est incontestable qu'elle ne pouvait être appliquée qu'à ceux d'entre eux qui seraient *arrêtés dans le territoire de la République*, comme le portait la loi du 19 fructidor an V; ou, si l'on veut remonter aux lois de 1793 et de l'an III, à ceux qui ayant porté les armes contre la France, seraient arrêtés, *soit en France, soit en pays ennemi ou conquis.*

Or, le duc d'Enghien n'avait pas été arrêté *en France;* il résidait en pays étranger. Ce pays n'était pas un pays *ennemi ou conquis*. Le château d'Ettenheim où fut assailli le duc d'Enghien, situé à quatre lieues de Strasbourg, sur la rive droite du Rhin, *appartenait à l'électeur de Bade, prince souverain*. La France était *en pleine paix* avec l'électeur. Le duc d'Enghien vivait à Ettenheim, depuis long-temps, dans une sécurité d'autant plus grande, que la cour électorale, soigneuse d'éviter tout prétexte de rupture avec son redoutable voisin, avait soumis au gouvernement consulaire la convenance du séjour du prince, avant de l'autoriser.

C'est donc contre la foi des traités, en contravention formelle du droit des gens, qui proclame l'indépendance des souverainetés et l'inviolabilité des territoires (hors le cas de guerre loyalement déclarée), que le duc d'Enghien a été arrêté, et S. M. le roi de Prusse a eu raison de dire dans son manifeste du 9 octobre 1806 : « *L'indépendance* » *du territoire allemand est violée, au milieu* » *de la paix, d'une manière outrageante* » *pour l'honneur de la nation*. Les Alle- » mands n'ont pas vengé la mort du duc

» d'Enghien ; mais jamais le souvenir de *ce* » *forfait* ne s'effacera parmi eux. »

La conséquence est que la personne du duc d'Enghien n'était pas légalement entre les mains de ses ennemis : il n'était pas prisonnier de guerre, puisqu'il n'avait pas été pris les armes à la main, et qu'on était en pleine paix; il n'était pas prisonnier à titre civil, car l'extradition n'avait pas été demandée; c'était un emparement violent de sa personne, comparable aux captures que font les pirates de Tunis et d'Alger; une course de voleurs, *incursio latronum.* —Une pareille arrestation ne pouvait donc pas rendre celui qui en était l'objet, justiciable d'aucun tribunal français.

## § II.

### *Incompétence de la commission militaire.*

Cette commission fut réunie en vertu d'un arrêté du premier consul ( du 29 ventose an XII), pour juger le duc d'Enghien, « prévenu d'avoir porté les armes contre la » république, d'avoir été et d'être encore à

» la solde de l'Angleterre, de faire partie » *des complots tramés par cette dernière* » *puissance contre la sûreté intérieure et ex-* » *térieure de la république.* » (Pièce n° 2.)

Un ordre signé le même jour par Murat, gouverneur de Paris (pièce n° 3), nomme les membres de la commission, et porte qu'elle se réunira sur-le-champ *pour juger* le « pré- » venu sur les charges énoncées dans l'ar- » rêté du gouvernement. » (C'est l'arrêté qui précède.)

Plus tard, il paraîtra sans doute étrange que les *chefs de condamnation* ne soient pas les mêmes que les *chefs d'accusation :* mais, quant à présent, si l'on s'arrête au texte de l'arrêté de mise en prévention, on y voit que le duc d'Enghien est prévenu *de complots tramés contre la sûreté intérieure et extérieure de la république.*

Eh bien! jamais la connaissance de ces *complots* n'a été attribuée aux commissions militaires; elle a toujours été réservée aux tribunaux ordinaires.

Lors même que la commission militaire aurait été compétente pour connaître des autres chefs de prévention, elle ne pouvait jamais, même sous le prétexte de connexité, connaître de l'accusation de complot contre la sûreté de l'État; elle aurait dû, dans tous les cas, se déclarer incompétente à cet égard. Ce point de jurisprudence a été reconnu et avoué par le *ministre de la justice*, dans son rapport du 4 ventose an V (1), sur l'affaire Dunan, Brottier et de la Villeurnoy; rapport qui a été inséré au Bulletin des lois, 2e série, n° 1021, avec la sanction du Directoire.

Cette incompétence de la commission militaire, démontrée par le titre même de l'accusation, vicie d'avance tout jugement qu'elle aura pu rendre : car elle aura jugé sans pouvoir; et il n'y a pas de plus grand défaut. *Nullus major defectus, quàm potestatis.*

---

(1) Dans ce Rapport, le ministre a la hardiesse de traiter Louis XVIII de *rebelle* « Ce n'est donc pas » *un rebelle*, dit-il, que ce *prétendu* Louis XVIII? etc. »

## § III.

*Irrégularités dans l'instruction.*

Le premier caractère de cette procédure infernale est que tout s'est fait *de nuit*.

« L'an douze de la république française, » aujourd'hui 29 ventose, 12 *heures du soir*, » moi, capitaine-major, etc., » porte l'interrogatoire (pièce n° 4).

Ainsi c'est à *minuit* que commence l'instruction!

Or, il est de règle générale qu'on ne doit procéder que de jour. « Justice et exécution » d'icelle se doivent faire de *jour*, » dit Loysel dans ses *Opuscules*, page 155.

A minuit donc, le capitaine-rapporteur s'introduit dans la chambre *où se trouvait couché le duc d'Enghien* : on le réveille (1), on l'interroge.

« Quel grade occupiez-vous dans l'armée » de Condé? — Commandant de l'avant-

(1) C'est ainsi que le grand Condé dormait paisiblement la veille de la bataille de Rocroy.

» garde, en 1796, répond le héros. — Et » depuis? — Toujours à l'avant-garde. »

Ses autres réponses portent le même caractère de grandeur; une franchise sans rudesse, une modestie qui n'ôte rien à la fierté.

Il n'a servi que sous les ordres de son grand-père.

Il n'est point à la solde de l'Angleterre; il a reçu de cette puissance un traitement provisoire; il le fallait bien; *je n'ai que cela pour vivre*, dit le descendant de vingt rois!

Du reste, il n'a entretenu aucune correspondance, si ce n'est avec son grand-père et son père qu'il n'a même pas vu depuis 1795.

Jamais il n'a vu le général Pichegru; il n'a point eu de relations avec lui.

Pas davantage avec Dumouriez qu'il n'a jamais vu non plus.

Il soutient n'avoir entretenu dans l'intérieur de la France aucune correspondance du genre de celles qu'on lui impute.

L'interrogatoire est terminé par ces mots: « Avant de signer le présent procès-verbal, » je fais, avec instance, la demande d'avoir

» une audience particulière avec le premier » consul. Mon nom, mon rang, ma façon de » penser, et l'horreur de ma situation me » font espérer qu'il ne se refusera pas à ma » demande. »

Vain espoir! La grande ame du prince supposait de la magnanimité à ses ennemis!.. D'autres résolutions étaient prises... D'autres ordres avaient été donnés...

L'interrogatoire est clos et signé par le duc, le capitaine-rapporteur et le greffier. Mais on y remarque l'omission de deux formalités substantielles : 1° il n'est pas fait mention qu'il en ait été donné *lecture*; et cependant l'article 17 de la loi du 13 brumaire an V (1) prescrit impérieusement cette formalité. « L'interrogatoire fini, il en sera » *donné lecture* au prévenu, afin qu'il dé-

---

(1) La loi du 13 brumaire an V, qui règle la procédure qui doit être observée devant *les conseils de guerre*, a été déclarée applicable aux *commissions militaires*. Voyez l'ouvrage intitulé : *Guide des Juges militaires*, page 93, et l'Avis du conseil d'État du 7 ventose an XIII.

» clare si ses réponses ont été fidèlement » transcrites, si elles contiennent vérité, et » s'il y persiste; auquel cas il signera, etc. » Ici, cette forme était d'autant plus essentielle, qu'il n'y avait contre le duc ni pièces, ni témoins, et que les commissaires paraissent ne s'être décidés que sur des inductions tirées de cet interrogatoire.

2°. La même loi, article 19, porte encore ce qui suit: « Après avoir clos l'interrogatoire, le rapporteur dira au prévenu de » *faire choix d'un ami pour défenseur.* —Le » prévenu aura *la faculté de choisir ce dé-* » *fenseur* dans toutes les classes de citoyens » présens sur les lieux; s'il déclare qu'il ne » peut faire ce choix, le rapporteur le fera » pour lui. »

Ah! sans doute le prince n'avait point d'*amis* parmi ceux qui l'entouraient; la cruelle déclaration lui en fut faite par un des fauteurs de cette horrible scène!........ Hélas! que n'étions-nous présens! que ne fut-il permis au prince de faire un appel au Barreau de Paris? Là, il eût trouvé des amis de son malheur, des défenseurs de son infortune ; des soutiens de son bon droit; des avocats qui, comme leurs devanciers et leurs successeurs, se fussent montrés jaloux de l'honneur de déplaire au despotisme, et qui n'eussent pas craint de braver ses coups!.....

Le duc était seul!........; mais ne parlons que de la loi : elle a été méconnue en ce point essentiel; l'avertissement qui, au moins pour la forme, eût dû être donné, ne l'a pas été : à défaut d'un défenseur choisi par le prince, on ne lui en a pas désigné un d'office; *il n'a pas été défendu!* Or, un accusé sans défenseur n'est plus qu'une victime abandonnée à l'erreur ou à la passion du juge; celui qui condamne un homme sans défense, cesse d'être armé du glaive de la loi, il ne tient plus qu'un poignard!

## § IV.

### *Vices du jugement.*

L'interrogatoire a lieu le 29 ventose *à minuit.*

Le 30 ventose, *à deux heures du matin* (1),

(1) Voyez, pièce n. 5, la minute du jugement. On y

le duc d'Enghien est introduit devant la commission militaire. Quelle horrible précipitation!

La minute du jugement porte que le conseil est assemblé, « à l'effet de juger le ci-de-
» vant duc d'Enghien sur les charges portées
» dans l'arrêté précité (celui du 29 ven-
» tose); » et conséquemment, sur l'accusation de *complots contre la sûreté de l'État*, accusation pour laquelle, ainsi qu'on l'a déjà démontré, la commission devait déclarer son incompétence absolue.

Le président fait amener le prévenu, et ordonne au capitaine-rapporteur de donner connaissance des pièces tant à charge qu'à décharge, *au nombre d'une* (c'est l'arrêté qui renvoyait devant la commission.)

---

lit : « Aujourd'hui, le 30 ventose an XII de la répu-
» blique, *deux heures du matin...* » Ces mots *deux heures du matin* qui n'y ont été mis que parce qu'en effet il était cette heure-là, sont effacés sur la minute, sans avoir été remplacés par d'autre indication. *Litura tamen extat.*

Cette assertion est mensongère quant aux pièces *à décharge :* il n'y en avait pas ; on n'en a donc pas donné lecture. C'était une vaine formule. On peut même dire qu'il n'y avait pas de pièces *à charge ;* car la pièce *unique* qu'on ait lue, c'est-à-dire l'arrêté de renvoi, n'était *ni à charge ni à décharge ;* c'était seulement un acte de procédure, un acte de simple instruction, qui donnait la question telle quelle à juger d'après les charges ou les justifications qui seraient produites.

Pas un seul témoin n'a été produit ni entendu contre l'accusé.

Restait donc son interrogatoire ; mais cet interrogatoire, en le supposant régulier, eût-il d'ailleurs renfermé l'aveu le plus formel de tous les faits de l'accusation, ne pouvait jamais suffire seul et par lui-même, pour établir contre l'accusé une preuve de culpabilité, capable de motiver une condamnation, et surtout une condamnation capitale ! C'est une maxime constante parmi les criminalistes.

On n'a pas, lors du jugement, réparé l'omission faite lors de l'interrogatoire, relativement au choix du conseil.

Enfin, quant au jugement même, en voici le prononcé, copié littéralement sur la minute. (Voyez pièce n° 5.) « La Commission, après » avoir donné au prévenu lecture de ses » déclarations, par l'organe de son président, et lui avoir demandé s'il avait quel» que chose à ajouter dans ses moyens de » défense, il a répondu n'avoir rien à dire » de plus, et y persister. — Le président » fait retirer l'accusé. — Le conseil délibé» rant à *huis-clos*, le président a recueilli » les voix, en commençant par le plus jeune » en grade; le président ayant émis son opi» nion le dernier, l'*unanimité* des voix l'a » déclaré coupable, et lui a appliqué l'ar» ticle...., de la loi du....., ainsi conçu..... » (tout cela en blanc); et en conséquence » l'a condamné à mort. »

Quelle monstruosité dans cette forme de prononcer! Jamais peut-être le mépris de toutes les formes ne fut poussé plus loin!

L'accusé est *déclaré coupable!* Coupable de quoi? le jugement ne le dit pas.

La loi précitée (du 13 brumaire an V) porte, article 30 : « Le président posera les » questions ainsi qu'il suit : *N** accusé d'a-» voir commis tel délit, est-il coupable ?* » — Or, dans le jugement que nous examinons, et dont j'ai vu, tenu et littéralement copié la minute originale, aucune question n'a été posée.

C'est un principe constant en matière pénale, que tout jugement qui prononce une peine, doit *contenir la citation de la loi* en vertu de laquelle la peine est appliquée.

En particulier, la loi du 3 brumaire an V dit, article 25 : « Le président fera apporter » et déposer devant lui, sur le bureau, *un* » *exemplaire de la loi* (1) ; le procès-verbal » fera *mention* de cette formalité. »

L'article 35 dit encore : « Le président, » après avoir rendu à haute voix et fait ins-» crire au procès-verbal la décision du con-» seil sur la culpabilité de l'accusé, *lira le*

---

(1) On conçoit aisément que le *Bulletin des Lois* n'était pas dans la bibliothèque du donjon de Vincennes.

» *texte de la loi*, et appliquera la peine » prononcée par le conseil. »

Eh bien ! ici aucune de ces formes n'a été remplie. Aucune mention n'atteste au procès-verbal que les Commissaires aient eu sous les yeux *un exemplaire de la loi*; rien ne constate que le président en ait *lu le texte* avant que de l'appliquer. Loin de-là, le jugement dans sa forme matérielle offre la preuve que les commissaires ont condamné sans savoir ni la date ni la teneur de la loi ; car ils ont *laissé en blanc*, dans la minute de la sentence, et la date de la loi...., et le numéro de l'article...., et la place destinée à recevoir son texte....

Et cependant, c'est sur la minute d'une sentence constituée dans cet état d'imperfection, que le plus noble sang a été versé par des bourreaux !

Mais poursuivons l'examen de ce triste monument d'ignorance et d'infamie.

La délibération doit être secrète, mais la prononciation du jugement doit être publique. — C'est encore la loi qui nous dit : « Les opinions ainsi recueillies, le prési-

» dent fera *rouvrir la porte* du con-
» seil. » (Loi du 13 brumaire an V, art. 34.)
— Or, le jugement du 30 ventose dit bien : Le conseil *délibérant à huis-clos*, etc. Mais on n'y trouve pas la mention que l'on ait rouvert les portes ; on n'y voit pas exprimé que le résultat de la délibération ait été prononcé *en séance publique*.

Il le dirait, y pourrait-on croire? Une séance *publique* à deux heures du matin dans le donjon de Vincennes! lorsque toutes les issues du château étaient gardées par des gendarmes d'*élite!* Mais enfin, on n'a pas même pris la précaution de recourir au mensonge; le jugement est muet sur ce point.

Ce jugement est signé par le président et les six autres commissaires, y compris le rapporteur; mais il est à remarquer que la minute *n'est pas signée par le greffier* dont le concours cependant était nécessaire pour lui donner authenticité. « Le gref-
» fier (porte l'article 36 de la loi préci-
» tée) *écrira le jugement* motivé au pied
» du procès-verbal, qui sera ensuite clos et

» *signé de tous les membres du conseil*, du » rapporteur *et dudit greffier.* »

Ainsi, d'un bout à l'autre, dans toutes ses parties, la sentence portée contre le duc d'Enghien offre la plus scandaleuse violation de toutes les formes! Ce n'est un jugement que de nom!

Et cependant, elle est terminée par cette terrible formule : « Ordonne que le présent » jugement sera exécuté DE SUITE à la dili- » gence du capitaine-rapporteur. »

DE SUITE! mots désespérans qui sont l'ouvrage des juges! *de suite!* et une loi expresse, celle du 15 brumaire an VI, accordait le recours en révision contre tous les jugemens militaires! et la loi du 27 ventose an VIII permettait également de se pourvoir en cassation contre les jugemens militaires pour incompétence ou excès de pouvoir (1)!

---

(1) « S'il y avait un pourvoi de cette nature, nous » pensons qu'après le prononcé de la commission mi- » litaire, les juges pourraient *suspendre l'exécution* du » jugement et *attendre* que le tribunal suprême de » l'empire ait rejeté ou admis le pourvoi. » (*Le Guide* » *des Juges militaires,* page 93.)

Le décret du 17 messidor an XII, qui a décidé que les jugemens des commissions militaires spéciales ne pourraient être attaqués par recours à aucun autre tribunal, n'était pas encore en vigueur; et d'ailleurs, ce décret, dans sa sévérité même, ne disait pas que ces jugemens seraient exécutés *de suite;* mais « seront exécutés *dans les vingt-quatre* » *heures* de leur prononciation: » Enfin, les juges n'ignoraient pas que le prisonnier avait, à la fin de son interrogatoire, demandé *avec instance* à parler au premier consul. Pourquoi donc ces mots inusités : Sera exécuté *de suite?....*

Il était deux heures du matin : le jour allait paraître; et le chef du gouvernement, sans l'ordre exprès duquel qui que ce soit n'aurait osé disposer d'un tel prisonnier, ne voulait pas que Paris, à son réveil, apprît qu'un prince de la maison de Bourbon respirait, si près de la capitale, dans le donjon de Vincennes!

## § V.

### *Exécution.*

Interrogé de nuit, jugé de nuit, le duc d'Enghien a été tué de nuit : le jour ne devait pas éclairer un crime aussi atroce !

Cet horrible sacrifice devait se consommer dans l'ombre afin qu'il fût dit que toutes les lois avaient été violées ; toutes, même celles qui prescrivent la publicité de l'exécution, comme une dernière garantie offerte au malheur contre l'illégalité et la barbarie des supplices (1).

Dans la *Biographie des contemporains*, ouvrage imprimé à Bruxelles en 1818, quoique rédigé dans un esprit entièrement favorable au bonapartisme, on lit ce qui suit à l'article *Enghien* : « La nuit étant très-obs-
» cure, on lui attacha une lanterne sur le
» cœur, afin de servir de point de mire aux
» soldats (2); on le jeta ensuite tout habillé

(1) Code pénal de 1791, art. 5; code de brumaire an IV, art. 445; décret du 16 août 1793, qui, en posant une exception, consacre d'ailleurs le principe.

(2) Suivant une autre relation, le duc d'Enghien aurait pris lui-même cette lanterne et l'aurait tenue d'une main ferme, jusqu'au moment de l'explosion.

» dans une fosse qu'on avait creusée *la veille,* » pendant qu'il soupait. » — La fosse d'un accusé creusée avant le jugement! voilà le procès du duc d'Enghien!

Du reste, *la Biographie des contemporains* a tort de dire que le prince fut fusillé par des soldats. « Il faut le dire pour la vérité de » l'histoire : le crime fut consommé par des » *gendarmes d'*ÉLITE (1). »

## § VI.

### *Suites.*

La capitale apprit la mort du duc d'Enghien en même temps que son procès. L'impression fut terrible. Le premier consul lui-même en fut effrayé. Peut-être trouva-t-il que l'élite de ses serviteurs avait trop ponctuellement exécuté ses ordres! Mais enfin le coup était porté, le crlme commis; il ne s'agissait plus que de le justifier, s'il était possible, aux yeux du peuple et du sénat.

---

Tous les rapports, au surplus, s'accordent en ce point, qu'il a fallu le secours d'une lanterne pour éclairer cette horrible exécution. La variété des dépositions vient de ce que tous les témoins n'étaient pas également à portée de bien distinguer dans l'obscurité.

(1) *Biographie universelle*, imprimée chez Michaud.

C'est ainsi qu'autrefois Caracalla, après s'être souillé du meurtre de Gèta, voulut charger le jurisconsulte Papinien de légitimer ce parricide devant les sénateurs. Papinien s'y refusa, disant *qu'il n'est pas si facile d'excuser un crime que de le commettre:* et, comme le tyran insistait, Papinien répliqua: *C'est commettre un second parricide que d'accuser un innocent après l'avoir mis à mort.*

Les affidés du premier consul ne furent pas tous (1) aussi courageux que Papinien. On les vit empressés de seconder ses vues, et s'efforcer de *régulariser l'assassinat*, en donnant à la sentence qu'il s'agissait de publier des motifs et des formes qui pussent accréditer la condamnation.

Le conseiller d'État *spécialement chargé de l'instruction et de la suite de toutes les affaires relatives à la tranquillité et à la sûreté*

---

(1) La mort du duc d'Engh'en éprouva cependant quelque contradiction; la voix publique a proclamé les instances de Joséphine, de Cambacérès, etc.; mais tout se taisait alors devant un *je le veux :*

*Sic volo, sic jubeo, stet pro ratione voluntas.*

*intérieure de la république*, écrivit, le jour même, au président, pour le prier de lui transmettre le jugement rendu le matin contre le duc d'Enghien. (Voyez pièce n° 6.)

Le même jour, seconde lettre de ce même conseiller d'État, ainsi conçue : « J'attends le » jugement et les interrogatoires de l'ex-duc » d'Enghien, pour me rendre à la Malmai- » son, auprès du premier consul. » (Pièce n° 7.)

Le lendemain, Murat qui, de la *commission de Vincennes*, où il avait dirigé la condamnation du duc d'Enghien, s'était transporté à Paris pour y presser le jugement d'autres accusés traduits vers ce même temps devant le *tribunal criminel spécial de la Seine*, Murat, dis-je, écrivit de son côté au général qui avait présidé la commission : « Envoyez- » moi, je vous prie, mon *cher* Hullin, co- » pie de l'interrogatoire qu'on a fait au ci- » devant duc d'Enghien. Il pourrait être *utile* » au citoyen Thuriot. » Le citoyen Thuriot, qui à cette époque instruisait le procès de Pichegru et de ses compagnons !

Ainsi, c'est en vue de s'étayer dans un autre

procès du jugement rendu contre le duc d'Enghien, et aussi afin de rendre ce jugement présentable aux yeux du public, qu'on paraît avoir préparé plus à loisir une nouvelle rédaction.

En effet, dans le dossier qui m'a été communiqué, et dont j'ai fidèlement copié toutes les pièces, indépendamment de la minute originale du jugement dont j'ai rendu compte sous le § IV, et qui seule est revêtue de la signature de tous les membres de la commission, sauf toutefois celle du greffier; se trouvait une autre feuille portant seulement la signature du président, du rapporteur, et qui, bien que qualifiée *copie* du jugement, offre une rédaction tout-à-fait différente de celle de la vraie minute signée de tous les membres.

Dans cette copie, ou plutôt dans ce second jugement refait à loisir, le duc d'Enghien n'est plus seulement prévenu des chefs d'accusation énoncés dans l'arrêté consulaire du 29 ventose; mais il est accusé et déclaré atteint et convaincu de *six crimes* différens, parmi lesquels s'en trouve un dont la grande ame du duc d'Enghien était surtout incapable, mais sur lequel on comptait le plus pour exciter l'indignation populaire, et colorer la condamnation : *d'être l'un des fauteurs et complices de la conspiration tramée par les Anglais* CONTRE LA VIE DU PREMIER CONSUL !

Si Bonaparte, écoutant des conseils plus généreux, avait cédé au vœu exprimé par le prince, et qu'il n'eût pas craint de rencontrer ses regards; s'il l'eût admis en sa présence, il se fût aisément convaincu que le descendant du grand Condé, disposé à le combattre sur les champs de bataille, était incapable de tremper dans un complot d'assassinat !

Dans la nouvelle rédaction du jugement, les lois sont visées et les blancs sont remplis : on dit même, vers la fin, qu'on a jugé en *séance publique ;* mais il reste toujours, même dans cette seconde rédaction, une masse d'irrégularités qu'on n'a pas pu faire disparaître.

Ainsi dans ce nouveau jugement, comme dans le premier,

1°. Pas de témoins contre l'accusé; pas de

pièces à charge; on s'empare seulement des réponses consignées dans un interrogatoire nul, puisqu'il ne constate pas que le prévenu en ait eu *lecture*.

2°. On juge sur cet interrogatoire, et l'on condamne le duc d'Enghien même sur des faits et des chefs qui, ne faisant pas la matière du renvoi devant la commission, n'ont pas fait non plus la matière de cet interrogatoire, et ne pouvaient pas, par la même raison, devenir la matière d'une condamnation.

3°. La commission, malgré la nouvelle rédaction, n'en demeurait pas moins *incompétente*, par les motifs déjà émis.

4°. Il restait toujours pour constant que l'accusé n'avait pas été assisté de conseil, ni averti d'en choisir un.

5°. Malgré la qualification de *séance publique*, insérée à la fin du nouveau jugement, il n'en est pas moins certain que l'instruction et le jugement ont eu lieu en trois heures de temps, la nuit, dans une prison au coin d'un bois, *sans public*, et par conséquent sans publicité.

6°. Enfin, la substitution tardive d'une seconde rédaction, en apparence plus régulière que la première ( *bien qu'également injuste* ), n'ôte rien à l'odieux d'avoir fait périr le duc d'Enghien sur un croquis de jugement, signé à la hâte, et qui n'avait pas encore reçu son complément.

Les dernières intentions de l'infortuné prince ont-elles du moins été remplies?.... Il avait laissé des *cheveux, un anneau d'or et une lettre......* avec recommandation que ces objets fussent remis à madame la princesse de Rohan.

Une lettre, jointe aux pièces du procès, atteste seulement que le général Hullin a envoyé ces tristes restes au conseiller d'État Réal. Que sont-ils devenus?..... ( Pièce n° 9.)

Enfin, ce n'est que le 22 germinal que M. le ministre de la guerre accuse au général président de la commission, réception de la *copie du jugement* rendu le 30 ventose, et si vivement réclamée, dès le lendemain, par Réal et Murat.....; mais il avait fallu en combiner la rédaction. ( Pièce n° 11. )

## § VII.

### *Réflexions générales.*

Aucune grande injustice ne peut être commise qu'en foulant aux pieds les principes, les formes et les lois.

Aussi, le premier soin de tous les gouvernemens despotiques, de tous ceux qui veulent écraser qui leur nuit, opprimer qui leur déplaît, étouffer qui leur résiste, est de substituer l'arbitraire et la précipitation, au développement salutaire des formes dont la lenteur a surtout pour objet de laisser aux passions le temps de se calmer, et à la vérité les moyens de se faire entendre.

On ne voit pas les gouvernemens et les juges violer les formes, quand il s'agit de prononcer sur le sort d'un voleur, d'un bigame ou d'un assassin. On instruit long-temps leur procès ; on les laisse se choisir librement des conseils et des défenseurs ; on les écoute patiemment ; on les interroge avec calme ; on les juge sans partialité ; ils jouissent réellement de toute la protection de la loi.

S'agit-il d'un procès politique? Tout est changé. Le pouvoir ne s'en remet plus seulement aux lois du soin de le venger. Il change l'ordre des juridictions; il cherche des juges dévoués; il violente ou dirige leur conscience; il dispense des formes; il abrége les délais; il ne leur demande pas justice, il leur demande du sang!.... Ils en donnent....

Lave tes mains, Pilate!... Elles sont teintes du sang innocent! Tu l'as sacrifié par faiblesse; tu n'es pas plus excusable que si tu l'avais sacrifié par méchanceté!

Juges iniques de tous les temps, de tous les pays, de tous les régimes; vous tous qui avez eu l'affreux malheur de juger sans pouvoir, sans formes et sans lois; instrumens dociles des vengeances du pouvoir, de l'ambition d'un chef ou de la réaction des partis, que l'infamie vous suive à travers les âges futurs! Que la postérité vous déteste comme un exemple à fuir pour ceux qui seraient tentés de vous imiter! C'est le devoir et l'intérêt de toutes les générations! c'est mon sentiment particulier!

---

# PIÈCES

RELATIVES

A LOUIS-ANTOINE-HENRI DE BOURBON,

# DUC D'ENGHIEN.

# INVENTAIRE DES PIECES.

Nos 1er. Journal du duc d'Enghien écrit par lui-même.

2. Arrêté qui renvoie le duc devant une commission militaire.

3. Ordre contenant nomination des membres de la commission.

4. Interrogatoire du duc d'Enghien.

5. Minute originale du jugement de condamnation.

6 et 7. Lettres de Réal pour demander le jugement.

8. Lettre de Murat qui fait la même demande.

9. Lettre de Réal, qui accuse réception *des cheveux, de l'anneau et d'une lettre du duc d'Enghien* pour la princesse de Rohan.

10. Nouvelle rédaction du jugement.

11. Le ministre de la guerre accuse réception de la copie de ce nouveau jugement.

*Nota.* Une pièce non moins importante est le *procès-verbal d'exhumation* ; mais on n'a pas jugé nécessaire, quant à présent, de la publier.

A*

# PIÈCES

RELATIVES

A LOUIS-ANTOINE-HENRI DE BOURBON,

# DUC D'ENGHIEN.

## N° 1er.

*Journal du duc d'Enghien écrit par lui-même, et dont l'original a été remis au premier consul, le 1er germinal an XII.*

Le jeudi 15, à Ettenheim, ma maison cernée par un détachement de dragons et des piquets de gendarmerie, total de deux cents hommes environ; deux généraux, le colonel des dragons, le colonel Charlot de la gendarmerie de Strasbourg; à cinq heures. A cinq heures et demie, les portes enfoncées; emmené au moulin près la tuilerie; mes papiers enlevés, cachetés; conduit dans une charrette, entre deux haies de fusiliers, jusqu'au Rhin. Embarqué pour Rhisnau. Débarqué et marché à pied jusqu'à Pfofsheim ; déjeuné dans l'auberge. Monté en voiture avec le colonel Charlot, le maréchal-des-logis de la gendarmerie, un gendarme sur le siége et Grunstein. Arrivé à Strasbourg chez le colonel Charlot vers cinq heures et demie ; transféré une demi-heure après, dans un fiacre, à la citadelle. Mes compagnons d'infortune venus de Pfofsheim à Strasbourg, avec des chevaux de paysans, dans une charrette ; arrivés à la citadelle en même temps que moi. Descendus chez le commandant ; logés dans son salon pour la nuit, sur des matelas par terre. Des gendarmes à pied dans la pièce d'avant ; deux sentinelles dans la chambre ; une à la porte. Mal dormi.

Vendredi 16. — Prévenu que j'allais changer de logement, je suis à mes frais pour la nourriture, et probablement le bois et la lumière. Le général Leval, commandant la division, accompagné du général Férion, l'un de ceux qui m'a enlevé, viennent me voir. Leur abord très-froid. Je suis transféré dans le pavillon à droite en entrant sur la place en venant de la ville. Je puis communiquer avec les chambres de MM. de Thumery, Jacques et Schmitt par des dégagemens ; mais je ne puis sortir, ni moi, ni mes gens ; on m'annonce pourtant que j'aurai la permission de me promener dans un petit jardin qui se trouve dans une cour derrière mon pavillon. Une garde de douze hommes et un officier est à ma porte. Après le dîner, on me sépare de Grunstein, auquel on donne un logement seul de l'autre côté de la cour. Cette séparation ajoute encore à mon malheur. J'ai écrit ce matin à la princesse. J'ai envoyé ma lettre par le commandant au général Leval; je n'ai point de réponse. Je lui demandais d'envoyer un de mes gens à Est; sans doute tout me sera refusé. Les précautions sont extrêmes de tout côté pour que je ne puisse communiquer avec qui que ce soit. Si cette position dure, je crois que le désespoir s'emparera de moi. A quatre heures et demie, on vient visiter mes papiers que le colonel Charlot, accompagné d'un commissaire de sûreté, ouvre en ma présence. On les lit superficiellement. On en fait des liasses séparées, et on me laisse entendre qu'ils vont être envoyés à Paris. Il faudra donc languir des semaines, peut-être des mois. Le chagrin augmente plus je réfléchis à ma cruelle position. Je me couche à onze heures; je suis excédé, et ne puis dormir. Le major de la place, M. Machim, a des formes très-honnêtes; il vient me voir quand je suis couché; il cherche à me consoler par des mots obligeans.

Samedi 17. — Je ne sais rien de ma lettre. Je tremble pour la santé de la princesse; un mot de ma main la réparerait. Je suis bien malheureux. On vient me faire signer le procès-verbal de l'ouverture de mes papiers. Je demande et obtiens d'y ajouter une note explicative, pour prouver que je n'ai jamais eu d'autres intentions que de servir et faire la guerre. Le soir, on me dit que j'aurai la permission de me promener dans le jardin, même dans la cour, avec l'officier de garde, ainsi que mes compagnons d'infortune, et que mes papiers sont partis pour Paris, par courrier extraordinaire. Je soupe, et me couche plus content.

Dimanche 18. — On vient m'enlever à une heure et demie du matin; on ne me laisse que le temps de m'habiller; j'embrasse mes malheureux compagnons, mes gens; je pars seul avec deux officiers de gendarmerie et deux gendarmes. Le colonel Charlot m'a annoncé que nous allons chez le général de division, qui a reçu des ordres de Paris. Au lieu de cela, je trouve une voiture avec six chevaux de poste, sur la place de l'Église. On me campe dedans. Le lieutenant Pétermann monte à côté de moi; le maréchal-des-logis Blitersdorff sur le siége; deux gendarmes, un dedans, l'autre dehors.

## N° 2.

LIBERTÉ — ÉGALITÉ.

*Extrait des registres des délibérations des consuls de la république.*

Paris, le 29 ventose l'an XII de la république une et indivisible.

Le gouvernement de la république arrête ce qui suit :

ARTICLE Ier. Le ci-devant duc d'Enghien, prévenu d'avoir porté les armes contre la république ; d'avoir été et d'être encore à la solde de l'Angleterre ; de faire partie des complots tramés par cette dernière puissance contre la sûreté intérieure et extérieure de la république ; sera traduit à une commission militaire, composée de sept membres nommés par le général gouverneur de Paris, et qui se réunira à Vincennes.

ART. II. Le grand juge, le ministre de la guerre et le général, gouverneur de Paris, sont chargés de l'exécution du présent arrêté.

Le premier consul, *signé* BONAPARTE.

Par le premier consul, *signé* HUGUES MARET.

Pour copie conforme,

Le général en chef, gouverneur de Paris,

*signé* MURAT.

## N° 3.

*Au gouvernement de Paris, le 29 ventose an XII de la république.*

Le général en chef, gouverneur de Paris,

En exécution de l'arrêté du gouvernement, en date de ce jour, portant que le ci-devant duc d'Enghien sera traduit devant une commission militaire composée de sept membres, nommés par le général, gouverneur de Paris, a nommé et nomme pour former ladite commission, les sept militaires dont les noms suivent :

Le général Hullin, commandant les grenadiers à pied de la garde des consuls, président;

Le colonel Guitton, commandant le premier régiment de cuirassiers;

Le colonel Bazancourt, commandant le quatrième régiment d'infanterie légère;

Le colonel Ravier, commandant le 18e régiment d'infanterie de ligne;

Le colonel Barrois, commandant le 96e *idem.*;

Le colonel Rabbe, commandant le 2e régiment de la garde municipale de Paris;

Le citoyen D'Autancourt, major de la gendarmerie d'élite, qui remplira les fonctions de capitaine-rapporteur.

Cette commission se réunira sur-le-champ au château de Vincennes, pour y juger, sans désemparer, le prévenu, sur les charges énoncées dans l'arrêté du gouvernement, dont copie sera remise au président.

J. Murat.

## N° 4.

L'an XII de la république française, aujourd'hui, 29 ventose, douze heures du soir; moi, capitaine major de la gendarmerie d'élite, me suis rendu, d'après l'ordre du général commandant le corps, chez le général en chef *Murat*, gouverneur de Paris, qui me donne de suite l'ordre de me rendre au château de Vincennes, près le général *Hullin*, commandant les grenadiers de la garde des consuls, pour en prendre et recevoir d'ultérieurs.

Rendu au château de Vincennes, le général *Hullin* m'a communiqué: 1° une expédition de l'arrêté du gouvernement du 29 ventose, présent mois, portant que le ci-devant duc d'Enghien serait traduit devant une commission militaire, composée de sept membres, nommés par le général, gouverneur de Paris; 2° l'ordre du général en chef, gouverneur de Paris, de ce jour, portant nomination des membres de la commission militaire, en exécution de l'arrêté précité; lesquels sont les citoyens *Hullin*, général des grenadiers de la garde; *Guitton*, colonel du 1er de cuirassiers; *Bazancourt*, commandant le 4e régiment d'infanterie légère; *Ravier*, commandant le 18e d'infanterie de ligne; *Barrois*, commandant le 96e, *idem.*; et *Rabbe*, commandant le 2e régiment de la garde de Paris.

Et portant que le capitaine-major soussigné remplira auprès de cette commission militaire les fonctions de capitaine-rapporteur : le même ordre portant encore que cette commission se réunira sur-le-champ au château de Vincennes, pour y juger, sans désemparer, le prévenu, sur les charges énoncées dans l'arrêté du gouvernement susdaté.

Pour l'exécution de ces dispositions, et en vertu des ordres du général *Hullin*, président de la commission, le capitaine soussigné s'est rendu dans la chambre où se trouvait couché le duc d'Enghien, accompagné du chef d'escadron *Jacquin* de la légion d'élite, et des gendarmes à pied du même corps, nommés *Lerva* et *Tharsis*, et encore du citoyen *Noirot*, lieutenant au même corps : le capitaine-rapporteur soussigné a reçu de suite les réponses ci-après, sur chacune des interrogations qu'il lui a adressées, étant assisté du citoyen *Molin*, capitaine au 18e régiment, greffier choisi par le rapporteur.

— A lui demandé ses noms, prénoms, âge et lieu de naissance?

A répondu se nommer *Louis-Antoine-Henri de Bourbon*, *duc d'Enghien*, né le 2 août 1772 à Chantilly.

— A lui demandé à quelle époque il a quitté la France?

A répondu : « Je ne puis pas le dire précisément; mais je pense que c'est le 16 juillet 1789. » Qu'il est parti avec le prince de Condé, son grand-père, son père, le comte d'Artois et les enfans du comte d'Artois.

— A lui demandé où il a résidé depuis sa sortie de France?

A répondu : « En sortant de France, j'ai passé, avec mes parens que j'ai toujours suivis, par Mons et Bruxelles; de-là, nous nous sommes rendus à Turin, chez le roi de Sardaigne, où nous sommes restés à peu près seize mois. » De-là, toujours avec ses parens, il est allé à Worms et environs sur les bords du Rhin; ensuite le corps de Condé s'est formé, et j'ai fait toute la guerre. J'avais, avant cela, fait la campagne de 1792 en

Brabant, avec le corps de Bourbon, à l'armée du duc Albert.

— A lui demandé où il s'est retiré depuis la paix faite entre la république française et l'empereur?

A répondu : « Nous avons terminé la dernière campagne aux environs de Gratz; c'est là où le corps de Condé, qui était à la solde de l'Angleterre, a été licencié, c'est-à-dire à Wendisch Facstrictz, en Styrie; » qu'il est ensuite resté pour son plaisir à Gratz ou environs, à peu près six ou neuf mois, attendant des nouvelles de son grand-père, le prince de Condé, qui était passé en Angleterre, et qui devait l'informer du traitement que cette puissance lui ferait, lequel n'était pas encore déterminé. « Dans cet intervalle, j'ai demandé au cardinal de Rohan la permission d'aller dans son pays à Ettenheim, en Brisgaw, ci-devant évêché de Strasbourg; » que depuis deux ans et demi il est resté dans ce pays. Depuis la mort du cardinal, il a demandé à l'électeur de Bade, officiellement, la permission de rester dans ce pays, qui lui a été cédée, n'ayant pas voulu y rester sans son agrément.

— A lui demandé s'il n'est point passé en Angleterre, et si cette puissance lui accorde toujours un traitement?

A répondu n'y être jamais allé; que l'Angleterre lui accorde toujours un traitement, et qu'il n'a que cela pour vivre.

A demandé à ajouter que les raisons, qui l'avaient déterminé à rester à Ettenheim, ne subsistant plus, il se proposait de se fixer à Fribourg, en Brisgaw, ville beaucoup plus agréable qu'Ettenheim, où il n'était resté qu'attendu que l'électeur lui avait accordé la permission de chasse, dont il était fort amateur.

— A lui demandé s'il entretenait des correspondances avec les princes français retirés à Londres? s'il les avait vus depuis quelque temps?

A répondu : Que naturellement il entretenait des correspondances avec son grand-père, depuis qu'il l'avait quitté à Vienne, où il était allé le conduire après le licenciement du corps; qu'il en entretenait également avec son père, qu'il n'avait pas vu, autant qu'il peut se le rappeler, depuis 1794 ou 1795.

— A lui demandé quel grade il occupait dans l'armée de Condé?

A répondu : Commandant de l'avant-garde avant 1796. Avant cette campagne, comme volontaire au quartier-général de son grand-père; et toujours, depuis 1796, comme commandant d'avant-garde; et observant qu'après le passage de l'armée de Condé en Russie, cette armée fut réunie en deux corps, un d'infanterie, et un de dragons, dont il fut fait colonel par l'empereur; et que c'est en cette qualité qu'il revint aux armées du Rhin.

— A lui demandé s'il connaît le général Pichegru? S'il a eu des relations avec lui?

A répondu : « Je ne l'ai, je crois, jamais vu; je n'ai point eu de relations avec lui. Je sais qu'il a désiré me voir. Je me loue de ne pas l'avoir connu, d'après les vils moyens dont on dit qu'il a voulu se servir, s'ils sont vrais. »

A lui demandé s'il connaît l'ex-général Dumouriez, et s'il a des relations avec lui?

A répondu : Pas davantage; je ne l'ai jamais vu.

— A lui demandé si, depuis la paix, il n'a point entretenu de correspondance dans l'intérieur de la république?

A répondu : « J'ai écrit à quelques amis qui me sont encore attachés, qui ont fait la guerre avec moi, pour leurs affaires et les miennes. Ces correspondances n'étaient pas de celles dont on croit qu'il veuille parler. »

De quoi a été dressé le présent, qui a été signé par le duc d'Enghien, le chef d'escadron Jacquin, le lieutenant *Noirot*, les deux gendarmes et le capitaine-rapporteur.

« Avant de signer le présent procès-verbal, je fais, avec instance, la demande d'avoir une audience particulière du premier consul. Mon nom, mon rang, ma façon de penser et l'horreur de ma situation, me font espérer qu'il ne se refusera pas à ma demande. »

*Signé* L.-A.-H. DE BOURBON.

Et plus bas :

NOIROT, *lieutenant*; et JACQUIN.

Pour copie conforme :

*Le capitaine faisant fonctions de rapporteur*,
DAUTANCOURT.

MOLIN, *capitaine-greffier*.

## N° 5.

Aujourd'hui, le 30 ventose an XII de la république,

La commission militaire, formée en exécution de l'arrêté du gouvernement, en date du 29 du courant, composée des citoyens Hullin, général commandant les grenadiers de la garde des consuls, président; Guitton, colonel du 1er régiment de cuirassiers; Bazancourt, colonel du 4e régiment d'infanterie légère; Ravier, colonel du 18e régiment de ligne; Barrois, colonel du 96e; Rabbe, colonel du 2e régiment de la garde de Paris; le citoyen Dautancourt, remplissant les fonctions de capitaine-rapporteur; assisté du citoyen Molin, capitaine au 18e régiment d'infanterie de ligne, choisi pour remplir les fonctions de greffier; tous nommés par le général en chef, gouverneur de Paris;

S'est réunie au château de Vincennes;

A l'effet de juger le ci-devant duc d'Enghien, sur les charges portées dans l'arrêté précité.

Le président a fait amener le prévenu libre et sans fers, et a ordonné au capitaine-rapporteur de donner connaissance des pièces tant à charge qu'à décharge, au nombre d'une.

Après lui avoir donné lecture de l'arrêté susdit, le président lui a fait les questions suivantes :

— Vos nom, prénoms, âge et lieu de naissance ?

A répondu se nommer Louis-Henri de Bourbon, duc d'Enghien, né à Chantilly, le 2 août 1772.

— A lui demandé s'il a pris les armes contre la France ?

A répondu qu'il avait fait toute la guerre, et qu'il persistait dans la déclaration qu'il a faite au capitaine-rapporteur, et qu'il a signée. A de plus ajouté qu'il était prêt à faire la guerre, et qu'il désirait avoir du sercice dans la nouvelle guerre de l'Angleterre contre la France.

— A lui demandé s'il était encore à la solde de l'Angleterre ?

A répondu que oui ; qu'il recevait, par mois, cent cinquante guinées de cette puissance.

La commission, après avoir fait donner au prévenu lecture de ses déclarations par l'organe de son président, et lui avoir demandé s'il avait quelque chose à ajouter dans ses moyens de défense, il a répondu n'avoir rien à dire de plus, et y persister.

Le président a fait retirer l'accusé ; le conseil délibérant à huis-clos, le président a recueilli les voix, en commençant par le plus jeune en grade ;

le président ayant émis son opinion le dernier, l'unanimité des voix l'a déclaré coupable, et lui a appliqué l'art. .... de la loi du..., ainsi conçu... et, en conséquence, l'a condamné à la peine de mort.

Ordonne que le présent jugement sera exécuté de suite, à la diligence du capitaine-rapporteur, après en avoir donné lecture, en présence des différens détachemens des corps de la garnison, au condamné.

Fait, clos et jugé sans désemparer, à Vincennes, les jour, mois et an que dessus ; et avons signé.

*Signé* P. HULLIN, BAZANCOURT, RABBE, BARROIS, DAUTENCOURT, *rapporteur;* GUITON, RAVIER.

*Nota.* La minute ne porte pas la signature du greffier Molin.

## N° 6.

Paris, le 30 ventose de l'an XII de la république.

Le conseiller d'État, spécialement chargé de l'instruction et de la suite de toutes les affaires relatives à la tranquillité et à la sûreté intérieures de la république,

Au général de brigade Hullin, commandant les grenadiers de la garde.

Général,

Je vous prie de me transmettre le jugement rendu ce matin contre l'ex-duc d'Enghien, ainsi que les interrogatoires qu'il a prêtés.

Je vous serai obligé, si vous pouvez le remettre à l'agent qui vous portera ma lettre.

J'ai l'honneur de vous saluer,

Réal.

## N° 7.

Paris, le 30 ventose de l'an XII de la république.

Le conseiller d'État, etc.

Au général de brigade Hullin, etc.

Général,

J'attends le jugement et les interrogatoires de l'ex-duc d'Enghien, pour me rendre à la Malmaison, auprès du premier consul.

Veuillez me faire savoir à quelle heure je pourrai avoir ces pièces. Le porteur de ma lettre pourrait se charger du paquet, et attendre qu'il soit prêt, si les expéditions sont avancées.

J'ai l'honneur, etc.

RÉAL.

## N° 8.

*Au gouvernement de Paris, le 1er germinal an XII de la république.*

Le général en chef, gouverneur de Paris;

Envoyez-moi, je vous prie, mon cher Hullin, copie de l'interrogatoire qu'on a fait au ci-devant duc d'Enghien.

Il pourrait être *utile* au citoyen Thuriot.

Je vous salue,

MURAT.

## N° 9.

Paris, le 2 germinal de l'an XII de la république.

Le conseiller d'État.... etc., etc.

A reçu du général de brigade Hullin, commandant les grenadiers à pied de la garde, un petit paquet contenant *des cheveux, un anneau d'or et une lettre*, ce petit paquet portant la la suscription suivante : « Pour être remis à madame la princesse de Rohan, de la part du ci-devant duc d'Enghien. »

RÉAL.

## N° 10.

Commission militaire spéciale,

Formée dans la première division militaire, en vertu de l'arrêté du gouvernement, en date du 29 ventose an XII de la république une et indivisible.

## JUGEMENT.

Au nom du peuple français,

Ce jourd'hui, 30 ventose an XII de la république, la commission militaire spéciale formée dans la première division militaire, en vertu de l'arrêté du gouvernement, en date du 29 ventose an XII, composée, d'après la loi du 19 fructidor an V, de sept membres; savoir, les citoyens:

Hullin, général de brigade, commandant les grenadiers à pied de la garde, président;

Guitton, colonel, commandant le 1er régiment de cuirassiers;

Bazancourt, commandant le 4e régiment d'infanterie légère;

Ravier, colonel du 18e régiment d'infanterie de ligne;

Barrois, colonel, commandant le 96e régiment de ligne;

Rabbe, colonel, commandant le 2e régiment de la garde municipale de Paris;

Dautancourt, capitaine, major de la gendarmerie d'élite, faisant les fonctions de capitaine-rapporteur;

Molin, capitaine au 18e régiment d'infanterie de ligne, greffier; tous nommés par le général en chef Murat, gouverneur de Paris, et commandant la première division militaire.

Lesquels président, membres, rapporteur et greffier, ne sont ni parens, ni alliés entr'eux, ni du prévenu, au degré prohibé par la loi.

La commission convoquée par l'ordre du général en chef, gouverneur de Paris, s'est réunie au château de Vincennes, dans le logement du commandant de la place, à l'effet de juger le nommé Louis-Antoine-Henri de Bourbon, duc d'Enghien, né à Chantilly le 2 août 1772, taille de 1 mètre 705 millimètres, cheveux et sourcils châtain-clair, figure ovale, longue, bien faite, yeux gris tirant sur le brun, bouche moyenne, nez aquilin, menton un peu pointu, bien fait; accusé:

1°. D'avoir porté les armes contre la république française;

2°. D'avoir offert ses services au gouvernement anglais, ennemi du peuple français;

3°. D'avoir reçu et accrédité près de lui des

agens dudit gouvernement anglais, de leur avoir procuré les moyens de pratiquer des intelligences en France, et d'avoir conspiré avec eux contre la sûreté intérieure et extérieure de l'État;

4°. De s'être mis à la tête d'un rassemblement d'émigrés français et autres soldés par l'Angleterre, formé sur les frontières de la France, dans les pays de Fribourg et de Baden;

5°. D'avoir pratiqué des intelligences dans la place de Strasbourg, tendantes à faire soulever les départemens circonvoisins, pour y opérer une division favorable à l'Angleterre;

6°. D'être l'un des fauteurs et complices de la conspiration tramée par les Anglais contre la vie du premier consul, et devant, en cas de succès de cette conspiration, entrer en France.

La séance ayant été ouverte, le président a ordonné au rapporteur de donner lecture de toutes les pièces, tant celles à charge que celles à décharge.

Cette lecture terminée, le président a ordonné à la garde d'amener l'accusé, lequel a été introduit libre et sans fers devant la commission.

— Interrogé de ses noms, prénoms, âge, lieux de naissance et domicile?

A répondu se nommer Louis-Antoine-Henri de Bourbon, duc d'Enghien, âgé de 32 ans, né à

Chantilly, près Paris, ayant quitté la France depuis le 16 juillet 1789.

Après avoir fait prêter interrogatoire à l'accusé par l'organe du président sur tout le contenu de l'accusation dirigée contre lui; ouï le rapporteur en son rapport et ses conclusions, et l'accusé dans ses moyens de défense; après que celui-ci a eu déclaré n'avoir plus rien à ajouter pour sa justification, le président a demandé aux membres s'ils avaient quelques observations à faire; sur leur réponse négative, et avant d'aller aux opinions, il a ordonné à l'accusé de se retirer.

L'accusé a été reconduit à la prison par son escorte, et le rapporteur, le greffier, ainsi que les citoyens assistans dans l'auditoire, se sont retirés sur l'invitation du président.

La commission délibérant à huis-clos, le président a posé les questions ainsi qu'il suit :

Louis-Antoine-Henri de Bourbon, duc d'Enghien, accusé :

1°. D'avoir porté les armes contre la république française, est-il coupable ?

2°. D'avoir offert des services au gouvernement anglais, ennemi du peuple français, est-il coupable?

3°. D'avoir reçu et accrédité près de lui des agens dudit gouvernement anglais; de leur avoir procuré des moyens de pratiquer des intelligences en France; d'avoir conspiré avec eux contre la sûreté extérieure et intérieure de l'État, est-il coupable?

4°. De s'être mis à la tête d'un rassemblement d'émigrés français et autres soldés par l'Angleterre, formé sur les frontières de la France, dans les pays de Fribourg et de Baden, est-il coupable?

5°. D'avoir pratiqué des intelligences dans la place de Strasbourg, tendantes à faire soulever les départemens circonvoisins, pour y opérer une diversion favorable à l'Angleterre, est-il coupable?

6°. D'être l'un des fauteurs et complices de la conspiration tramée par les Anglais contre la vie du premier consul, et devant, en cas de succès de cette conspiration, entrer en France, est-il coupable?

Les voix recueillies séparément sur chacune des questions ci-dessus, commençant par le moins ancien en grade, le président ayant émis son opinion le dernier,

La commission déclare le nommé Louis-Antoine-Henri de Bourbon, duc d'Enghien,

1°. A l'unanimité, coupable d'avoir porté les armes contre la république française;

2°. A l'unanimité, coupable d'avoir offert ses

services au gouvernement anglais, ennemi du peuple français ;

3°. A l'unanimité, coupable d'avoir reçu et accrédité près de lui des agens dudit gouvernement anglais ; de leur avoir procuré des moyens de pratiquer des intelligences en France, et d'avoir conspiré avec eux contre la sûreté intérieure et extérieure de l'État ;

4°. A l'unanimité, coupable de s'être mis à la tête d'un rassemblement d'émigrés français et autres, soldés par l'Angleterre, formé sur les frontières de la France, dans les pays de Fribourg et de Baden ;

5°. A l'unanimité, coupable d'avoir pratiqué des intelligences dans la place de Strasbourg, tendantes à faire soulever les départemens circonvoisins, pour y opérer une diversion favorable à l'Angleterre ;

6°. A l'unanimité, coupable d'être l'un des fauteurs et complices de la conspiration, tramée par les Anglais, contre la vie du premier consul, et devant, en cas de succès de cette conspiration, entrer en France.

Sur ce, le président a posé la question relative à l'application de la peine. Les voix recueillies de nouveau dans la forme ci-dessus indiquée, la commission militaire spéciale condamne à l'unanimité, à la peine de mort, le nommé Louis-Antoine-Henri de Bourbon, duc d'Enghien, en réparation des crimes d'espionnage, de correspondance avec les ennemis de la république, d'attentat contre la sûreté intérieure et extérieure de l'État.

Ladite peine prononcée en conformité des articles 2, titre 4, du Code militaire des délits et des peines du 21 brumaire an V; 1er et 2e, 2e section du titre 1er du Code pénal ordinaire du 6 octobre 1791, ainsi conçus, savoir :

Art. II (du 21 brumaire an V). « Tout individu, quel que soit son état, qualité ou profession, convaincu d'espionnage pour l'ennemi, sera puni de mort. »

Art. Ier (du 6 octobre 1791). « Tout complot ou attentat contre la république, sera puni de mort. »

Art. II (*id.*). « Toute conspiration et complot, tendant à troubler l'État par une guerre civile, et armant les citoyens les uns contre les autres, ou contre l'exercice de l'autorité légitime, sera puni de mort. »

Enjoint au capitaine-rapporteur de lire de suite le présent jugement, en présence de la garde assemblée sous les armes, au condamné.

Ordonne qu'il en sera envoyé, dans les délais prescrits par la loi, à la diligence du président et du rapporteur, une expédition tant au ministre de la guerre, au grand-juge, ministre de la justice, et au général en chef, gouverneur de Paris.

Fait, clos et jugé sans désemparer, les jour, mois et an dits; en séance publique; et les membres de la commission militaire spéciale ont signé, avec le rapporteur et le greffier, la minute du jugement.

*Signé* GUITTON, BAZANCOURT, RAVIER, BARROIS, RABBE, DAUTANCOURT, capitaine-rapporteur; MOLIN, capitaine-greffier, et HULLIN, président.

Pour copie conforme,

Le président de la commission spéciale,

P. HULLIN.

P. DAUTANCOURT, capitaine-rapporteur;

MOLIN, capitaine-greffier.

## N° 11.

Paris, le 22 germinal an XII de la république.

Le ministre de la guerre,

Au général Hullin, etc., etc.

J'ai reçu, citoyen-général, avec votre lettre, copie du jugement rendu le 30 ventose dernier, par une commission militaire, contre l'ex-duc d'Enghien. Je vous remercie de cet envoi.

Je vous salue,

BERTHIER.

FIN DES PIÈCES.

www.ingramcontent.com/pod-product-compliance
Ingram Content Group UK Ltd.
Pitfield, Milton Keynes, MK11 3LW, UK
UKHW012213240726
13966UKWH00002B/723